잃어버린 지구

Losin

Losing Earth

Earth

잃어버린 지구

너새니얼 리치 지음 | 김학영 옮김

Nathaniel Rich

시공사

지혜가 길거리에서 부르며 광장에서 소리를 높이며

시끄러운 길목에서 소리를 지르며 성문 어귀와 성중에서 그 소리를 발하여 이르되

너희 어리석은 자들은 어리석음을 좋아하며 거만한 자들은 거만을 기뻐하며 미련한 자들은 지식을 미워하니 어느 때까지 하겠느냐

나의 책망을 듣고 돌이키라 보라 내가 나의 영을 너희에게 부어주며 내 말을 너희에게 보이리라

내가 불렀으나 너희가 듣기 싫어하였고 내가 손을 폈으나 돌아보는 자가 없었고

도리어 나의 모든 교훈을 멸시하며 나의 책망을 받지 아니하였은즉

너희가 재앙을 만날 때에 내가 웃을 것이며 너희에게 두려움이 임할 때에 내가 비웃으리라

너희의 두려움이 광풍같이 임하겠고 너희의 재앙이 폭풍같이 이르겠고 너희에게 근심과 슬픔이 임하리니

그때에 너희가 나를 부르리라 그래도 내가 대답하지 아니하겠고 부지런히 나를 찾으리라 그래도 나를 만나지 못하리니

대저 너희가 지식을 미워하며 여호와 경외하기를 즐거워하지 아니하며

나의 교훈을 받지 아니하고 나의 모든 책망을 업신여겼음이니라

—《잠언》1장, 20~30절

《잃어버린 지구》의 초판은 2018년 〈뉴욕타임스 매거진〉
이 한 호를 오롯이 할애하여 실어준 덕분에 세상에 처음 선
보였다. 지금 여러분이 손에 들고 있는 (혹은 단말기로 스크롤
중인) 온전한 한 권의 책으로서는 2019년 미국에서, 뒤이어
10여 개 이상의 언어로 번역되어 여러 나라에서 출판되었
다. 이 서문을 쓰고 있는 2021년 현재, 잠시 저점을 찍었던
지구의 탄소 배출량은 코로나바이러스 전염병이 퇴조의 기
미를 보이자마자 잃어버린 시간을 만회하려는 듯 가파르
게 치솟고 있다. 기후변화는 한 세기 훨씬 전부터 존재했고
예측할 수 없는 미래에도 (그리고 인간이 사라진 후에도) 존재

할 것이다. 그럼에도 여전히 미국의 언론들은 기후변화의 징후가 마치 전혀 예상치 못한 배신행위라도 되는 양 놀라는 척하며 말하는 경향이 있다. 먼 식민지에서 일어난 폭동을 내내 쉬쉬하다가 이방 민족이 수도의 성문을 기어오르는 걸 보고서야 호들갑을 떨었던 옛 제국 시대의 언론들처럼 말이다. 수십 년간 우리는 홍수와 가뭄, 화재가 빈번하게 덮치리라는 사실을 알고 있었지만 재해의 된서리를 맞을 때마다 매번 똑같이 믿기지 않다는 듯이 망연해한다. 도대체 우리는 왜 여기서 한 발짝도 나가지 못하는 걸까? 과연 우리가 정신 차리고 문제를 해결할 날이 오기나 할까?

우리가 아는 '일상'의 삶이 강제로 멈추고 반성과 재평가의 시간을 보낸 지난 한 해 동안, 이른바 팬데믹pandemic이라 일컫는 코로나바이러스 대유행 사태가 기후변화를 대하는 우리의 태도를 바꾸었느냐는 질문이 심심찮게 거론되었다. 어쨌든 지구적 규모의 사회 봉쇄 덕분에 우리는 감질나게나마 또 다른 세상을 잠깐 맛보았다. 델리에서 푸른 하늘을 볼 수 있었고, 베이징 시내에서 새소리가 들렸다. 캘리포니아주 역사상 화재가 가장 많이 발생했던 시기로 기록된 지난여름 전까지, 로스앤젤레스에서는 대기 오염 수준이 수십 년 만에 최저점을 기록했다. 적어도 우리가 지구상 모든 생명의 상호 연결성을 정확하게 평가하게 되었다고 생각할 수도 있다. 중국 우한의 한 수산 시장에서 무엇이 팔렸든 머지않아 그것이 내 집 문 앞에 도착할지도 모른다. 기후변화에 대한 취약성 측면에서 우리는 더더욱 긴밀하다. 지구 대기에 대한 온실가스의 공격은 상파울로의 한 굴뚝이든 상하이나 서울이든 그 가스의 출처를 따지지 않을 테니까.

예측건대, 세계대전의 위험성에 대한 시각을 바꾼 1918년의 스페인 독감 못지않게 코로나바이러스는 기후를 바라보는 대중의 시각을 바꾸어놓을 것이다. 하지만 시각을 바꾸기 위해 스페인 독감 같은 팬데믹을 꼭 겪어야 할 필요는 없다. 이미 상당한 변화가 진행 중이기 때문이다. 가장 극적인 변화는 세계 최대의 문제에 대해 그 어느 나라보다 커다란 책임을 져야 마땅한 미국에서 일어나고 있다. 미국의 새 대통령 조 바이든은 자신의 정부 최우선 과제로 획기적인 기후 정책을 내놓았을 뿐 아니라 그가 부통령으로 보좌했던 버락 오바마보다도 훨씬 더 적극적인 태도를 취하고 있다. 바이든이 내놓은 야심 찬 정책안 가운데 상당수는 민주당 지지층에게 기후 정책이 최우선 과제임을 인식시킨 젊은 활동가들의 제안에서 비롯되었다.《잃어버린 지구》의 초판이 발행된 2019년에는 상상도 하지 못했던 일이다.

변화는 시작되었지만 어떠한 규모로 얼마나 빠르게 어느 정도의 효과를 거둘지는 여전히 미지수다. 거대 화석 연료 기업들의 로비, 다음 선거 이후의 미래에는 관심조차 없는 정치인들, 위협의 규모뿐 아니라 그에 필요한 해결책의 규모도 애써 외면하려는 주눅 든 대중…. 변화가 성공하기 위해서는 이러한 저항의 장벽들을 넘어서야 한다. 넘지 못한다면? 그것을 단지 정책의 실패로만 볼 수는 없을 것이다. 어쩌면 우리의 상상력의 실패일지도 모른다.

그러니 우리가 왜 지금 여기, 이 지경에 이르렀는지 또 우리가 얼마나 먼 길을 가야만 하는지, 맨 처음으로 돌아가 다시 시작해보자.

2021년 5월
너새니얼 리치

현실 점검과 심판

지구온난화에 대하여 우리가 갖고 있는 거의 모든 지식은 1979년 버전이다. 오히려 그때가 더 나았는지도 모른다. 수많은 과학자들이 우리 인간이 무차별적으로 화석연료를 태우는 바람에 지구 전체의 기후가 바뀌고 있다는 데에 동의하지만 미국 국민 열에 아홉은 지금도 과학계의 여론이 그렇다는 사실을 알지 못한다. 하지만 1979년 즈음에는 이미 주요 쟁점들이 논쟁의 단계를 넘어 합의에 이르렀을 뿐 아니라 지구온난화에 대한 원론적인 이해에서 한 걸음 더 나아가 뒤따라올 결과들을 개선하는 방안으로 관심이 모아지고 있었다. 끈 이론이나 유전공학과 달리, '온실효과'

는 20세기 초반에 탄생한 은유이고, 생물학 입문서들에서 거론될 만큼 꽤 긴 역사를 갖고 있다. 그 과학적 원리도 다음과 같은 간단한 법칙으로 충분히 설명된다. 대기에 이산화탄소가 많아질수록 지구라는 행성은 더 뜨거워진다. 덧붙이자면, 매년 우리 인간은 석탄과 석유와 가스를 태우면서 대기 중으로 이산화탄소를 점점 더 지독히 많이 배출하고 있다.

산업혁명 시대 이후로 세상은 섭씨 1도 더 더워졌다. 파리기후협약Paris climate agreement은 2016년 4월 22일 지구의 날Earth Day에 조인되었으나 강제력이 없어서 지금은 아무도 신경 쓰지 않지만, 지구가 섭씨 2도 이상 더워지는 것을 막아보자는 소망에서 출발했다. 최근의 한 연구는 그 바람을 이룰 가능성이 20분의 1로 줄었다고 보고했다. 혹시라도 기적이 일어나 소망을 이룬다면, 우리는 열대성 산호 군락의 멸종을 막고 미터 단위 수준으로 해수면이 상승하지 않도록 관리하고 페르시아만이 지도에서 사라지는 것을 막는 정도에서 합의를 볼 수 있다. 기후학자 제임스 핸슨James Hansen은 섭씨 2도 상승 저지는 "장기간에 걸쳐 벌어질 재앙에 대한 처방전"이라고 말한다. 현재로서는 장기적 재앙이 최선의 시나리오다. 한편 섭씨 3도 상승 저지는 단기간에 벌어질 재앙에 대한 처방전인데, 단기적 재앙이란 북극에 숲이 우거지고 대부분의 해안 도시들이 물속으로 사라지며 대규모 기아 사태가 벌어지는 것을 말한다. 유엔의 기후변화에 대한 정부 간 협의체United Nations Intergovernmental Panel on Climate Change, IPCC 전 의장인 로버트 왓슨Robert Watson 은 섭씨 3도 상승 저지가 사실상 생존의 한계선이라고 주장한 바 있다. 지구의 온도가 섭씨 4도 상승하면 유럽 대륙은 영구적인 가뭄에 시달리고 중국과 인도, 방글라데시는 방대한 영토의 사막화를 막을 수 없으며 폴리네시아 일대는 모조리 바닷물에 잠기고 콜로라도강은 도랑 수준으로 바싹 말라버릴 것이다. 섭씨 5도까지 상승할 경우 예견되는 상황을 묻는다면, 아무리 과묵하고 얌전한 기후학자들도 인류 문명이 몰락한다며 버럭 소리를 지를 것이다.

　　문명 몰락의 직접적인 원인을 굳이 따지자면 (기온이 올라간다고 별안간 지구가 화염에 휩싸여 터지거나 잿더미로 변하지는 않을 테니) 지구가 뜨거워지는 현상 자체보다는 부차적인 효과들이다. 적십자는 환경적 재앙을 피해 길을 떠난 난민의 수가 폭력적 갈등으로 인한 난민의 수를 이미 웃돈다고 추정한다. 기아, 가뭄, 해안 지역의 침수, 사막지대의 점진적 확장으로 인해 수억 명의 사람들이 생존을 위한 피난길에 오를 것이다. 미묘하게 휴전 상태를 유지하고 있는 지역들에 대규모 난민이 유입되면 천연자원을 둘러싼 다툼은 말할 것도 없고 테러와 전쟁을 불러올 것이 자명하다. 우리 문명을 위협하는 실질적이고 거대한 두 괴물, 다시 말해 지구온난화와 핵무기는 일단 어느 선을 넘고 나면 묶여 있던 사슬을 스스로 풀고 서로 연합하여 그들의 창조주에 대항해 반란을 일으킬 것이다.

섭씨 5도 또는 6도 상승 시나리오가 아직은 강 건너 불처럼 멀게만 보인다면, 그건 아마도 우리가 제때에 대처할 수 있다는 근거 없는 자신감 때문일 것이다. 어쨌거나 섭씨 6도라는 턱을 넘기까지 우리에게는 이산화탄소 배출량을 줄일 시간이 몇십 년 정도 남아 있다. 그런데 돌아보면 우리에게는 이미 수십 년이라는 시간이 있었다. 문제는 그 기간 동안 기후와 관련된 재앙들로 간간이 된서리를 맞으면서도 우리가 상황을 부단히 악화시켜왔다는 사실이다. 인간이 실존의 위협에 직면하면 합리적으로 행동할 것이라는 가정은 이제 더는 합리적이지 않다.

우리가 현재 그리고 미래에 어떤 곤경에 처할지를 올바로 이해하려면 지난날 기회가 있었음에도 왜 이 문제를 해결하지 못했는지 되돌아보아야 한다. 1979년부터 1989년까지 10년간 우리에게는 이를 타개할 기막힌 기회가 있었다. 세계의 주요 강대국들이 탄소 배출량 감소를 위한 구속력 있는 협의안을 지지하고 이에 서명하기까지, 그 어느 때보다 훨씬 더 가까이 이르렀다. 이 10년 동안에는 지금 우리의 무책임에 핑곗거리가 되고 있는 걸림돌들이 아직 드러나지 않았다. 심지어 오랜 시간 세상의 무지와 무관심, 기업들의 뇌물 공략에 맞서 싸우던 과학자와 정책 교섭자, 활동가 들이 배출량 완화 조치라도 성사시킬 수 있을지 모르겠다며 노골적으로 비관했던 때에도 성공의 조건들은 거짓말처럼 착착 들어맞았다. 캘리포니아 스탠퍼드대학의 카네기과학연구소Carnegie Institution for Science에서 활동하고 있는 저명한 기후학자 켄 칼데이라Ken Caldeira는 최근에 이렇게 말했다. "지금 우리는 앞으로 벌어질 일에 대한 예측에서 이미 벌어진 일들에 대한 설명으로 분위기를 바꾸고 있다."

그렇다면 도대체 무슨 일이 벌어졌던 걸까? 요즘은 만화책에나 등장하는 허세에 찬 악당처럼 지난 수십 년 동안 약탈적 파괴 행위를 일삼은 화석연료 산업을 지구온난화의 주범으로 설명하는 게 일반적이다. 실제로 2000년에서 2016년 사이에 기후변화 관련 법안을 저지하기 위해 화석연료 산업에서 쏟아부은 돈은 20억 달러가 넘는다. 반대 진영의 환경 단체들이 쓴 금액보다 열 배나 많다. 기후와 관련된 문헌 중에는 산업 로비스트들의 음모와 지조 없는 과학자들의 부패 행위를 연대순으로 차곡차곡 기록한 것도 있다. 이 문헌에는 최대의 석유 및 가스 기업들이 현실을 부정하는 암묵적인 쇼를 중단한 후에도 오랫동안, (심지어 지금까지도) 정치적 논의의 가치를 떨어뜨리기 위해 벌인 막강한 조직적 활동들에 대한 글도 수록되었다. 1980년대 말까지는 화석연료 산업도 공격에 시동을 걸지 않았다. 오히려 이전 10년 동안 엑슨Exxon이나 셸Shell 같은 거대한 석유 및 가스 기업들 중 일부는 기후재앙의 규모를 이해하려는 노력을 아끼지 않았고 실현 가능한 해결책을 찾는 데 힘을 쏟았다.

오늘날 기후 문제의 정치화에 대해 우리가 느끼는 절망감은 단도직입적으로 말해서 고집스레 모르쇠로 일관하는 공화당의 정치적 태도에서 비롯한다. 심지어 2018년의 조사에서도 "대다수 과학자들이 지구온난화가 진행 중이라고 확신한다"는 사실을 인정한 공화당 당원은 42퍼센트에 지나지 않았다. 더 큰 문제는 그 수마저도 급격히 줄고

있다는 것이다. 지구온난화의 과학적 합의에 대한 회의론
은 실험 방법의 진정성과 객관적 진실을 추구하는 과학의
본질에 대한 회의론과 더불어 공화당의 기본 신조가 되어
가는 것 같다. 그러나 1980년대에는 의회와 정부 각료, 전
략가로 활동하던 저명한 공화당원들 다수가 기후 문제에
서만큼은 정치적 힘겨루기를 하지 않겠다는 민주당의 신
념에 동의했다. 가장 가치 있는 초당적 관심사라는 데에 이
견을 두지 않았다.

시급하고 즉각적이며 광범위한 기후 정책의 필요성
을 주장한 공화당원 중에는 상원의원 존 채피John Chafee,
로버트 스태퍼드Robert Stafford, 데이비드 듀렌버거David
Durenberger, 환경보호국Environmental Protection Agency 관리자
윌리엄 K. 라일리William K. Reilly 그리고 대통령 임기 중
의 조지 H. W. 부시George H. W. Bush가 있었다. 로널드 레
이건Ronald Reagan 정부의 환경위원회Council for Environmental
Quality 위원장 대행이었던 맬컴 포브스 볼드윈Malcolm Forbes
Baldwin은 1981년 기업들의 경영진에게 다음과 같이 말한
바 있다. "지구를 지키는 것보다 더 긴요하고 보수적으로
고려해야 할 문제는 있을 수 없습니다." 누가 봐도 기후 문
제는 방위비 지원이나 언론 자유 보장 못지않게 반론의 여

지가 없었다. 단, 대기가 지구상에 거주하는 모든 인간이
속한 훨씬 더 방대한 선거구라는 점을 제외하면 말이다.

다시 말하면, 즉각 행동하지 않으면 안 된다는 인식
이 널리 확산되고 있었다. 1980년대 초반에 미 연방 정부
소속의 과학자들은 1980년대 말이 되면 온난화의 결정
적 증거가 지구 온도 관측 기록에서 명백히 드러나고 그때
가 되면 재앙을 피할 길이 없을 것이라고 예측했다. 미국
은 온실가스의 최대 배출국이었으며, 그때까지도 전 세계
인구의 30퍼센트 이상은 여전히 전기를 접할 기회조차 없
었다. 수십억 명이 '미국식 라이프 스타일'을 따라야만 대
기 중 이산화탄소가 재앙을 불러올 정도로 늘어나는 것은
아니다. 지구의 모든 마을이 전구를 하나씩만 밝혀도 온난
화 재앙을 일으키기에는 충분하다. 1980년에 백악관의 요
청으로 미국 국립과학아카데미National Academy of Sciences에
서 작성한 보고서는 다음과 같은 제안을 담고 있었다. "이
산화탄소 문제는 범세계적인 의제로서 다루어져야만 한
다. 국제사회는 합의를 바탕으로 협력을 극대화하고, 정치
적 술수와 논쟁, 분열을 최소화하는 방향으로 나아가야 한
다." 만일 미국이 1980년대 말에라도 이 제안을 전폭적으
로 지지하는 쪽에 섰다면 (탄소 배출량을 동결하고 더 나아가

2005년까지 탄소 배출량을 20퍼센트 감소시키는 데 동의했다면) 지구의 온도는 섭씨 1.5도 미만에서 상승을 멈추었을 수도 있다.

당시 국제사회는 이 목표를 이루기 위해 구속력 있는 국제조약을 체결하는 방향으로 의견을 모아갔다. 이러한 의견이 범세계적인 여론으로서 호응을 얻기 시작한 것은 1979년 2월 제네바에서 처음 열린 세계기후회의World Climate Conference였다. 50여 개 국가에서 모인 과학자들이 국제조약이 "긴급하고도 불가피하다"는 데에 만장일치로 동의했다. 그로부터 4개월 뒤 도쿄에서 개최된 G7 회의에서, 세계에서 가장 부유한 일곱 국가의 지도자들은 탄소 배출량을 감소하는 것을 골자로 한 성명서에 서명했다. 10년 뒤에는 조약의 구체적인 방안들을 승인하기 위한 주요한 외교 회의가 네덜란드에서 열렸다. 60여 개 국가에서 참석한 과학자들과 세계 지도자들의 의견은 하나로 모아졌다. 행동하지 않으면 안 되고 선두에는 미국이 서야 한다고. 결론부터 말하면 김칫국부터 마신 꼴이었다.

이른바 기후변화 전설의 서문은 이렇게 끝을 맺는다. 우리는 (제목을 붙이자면 '현실 점검'쯤 되는) 이 서문의 시대에 재앙의 규모와 그 결과를 인지했다. 그리고 이 행성의 인간

거주 영역을 보존하는 데 필요한 수치들을 놓고 토론했다. 화석연료 연소에서 재생 가능한 핵에너지로 바꿀 방법이나 조금 더 지혜롭게 농사짓는 법, 나무를 심어 다시 숲을 조성하는 법이나 탄소 세금을 물리는 방법 등을 논의했다. 우리는 스스로 행동하고 있다는 착각에 빠져 장기적 재앙에 대한 승리를 섣부르게 전망했다.

우리의 결정적 실수는 실패를 고려하지 않았다는 점이다. 우리의 실패가 해안선이나 농작물 수확량, 평균기온, 이주 양상 그리고 세계경제에 어떤 결과를 가져올지에 대해서는 잘 알고 있었다. 그런데 정작 우리에게 실패가 무엇을 의미하는지에 대해서는 알려고 하지 않았다. 그 실패가 스스로를 바라보는 우리의 시각을 얼마나 어떻게 바꾸어놓을지, 과거를 기억하고 미래를 상상하는 방식을 어떻게 바꿔놓을지, 우리는 알지 못했다. 지금까지 우리의 실패가 우리를 얼마나 바꾸어놓았을까? 왜 우리는 스스로에게 이런 짓을 저질렀을까? 이 질문들이 바로 기후변화 전설의 두 번째 장이다. 이 두 번째 장의 제목으로는 '심판'이 어울릴 것 같다.

화석연료를 싸 짊어진 채 자폭의 벼랑에 선 우리 문명을 가까스로 붙들어준 것은 다양한 분야의 과학자들, 정계의 실무자들, 몇몇 국회의원, 경제인, 철학자, 익명의 관료들과 같은 소수의 눈물겨운 노력이었다. 그리고 이 소수의 선두에는 순전히 자기 돈을 써가면서 인류에게 다가올 위험을 경고하는 데 전심전력을 기울인 로비스트이자 대기 물리학자였던 한 사람이 있었다. 이 소수의 사람들은 경력에 금이 갈 것을 각오하고, 과학적인 증거에서 시작하여 정치적 설득이라는 평범한 방법들을 거쳐 끝내는 공개 망신주기와 같은 전략까지 동원해서 기후 문제를 해결하기 위한 운동을 전개했다. 그들은 민첩하고 끈질기게 열정적으로 노력했다. 결과는? 실패였다. 지금부터 나는 그들의 이야기를 그리고 우리의 이야기를 해보려고 한다.

처음부터 다시 시작할 기회가 주어지면 우리가 다르게 행동할 수 있으리라는 (어쨌거나 행동할 것이라는) 생각은 지나친 자만이다. 물론 이성적인 사람이라면 과학적인 증거 위에 올바른 신념을 세우고 이 행성의 질식이 가져올 사회, 경제, 환경, 도덕적인 영향을 정직하게 평가하고 타협점을 찾아갈 것이라고 생각할 수도 있다. 그렇다면 우리가 정치권의 해악과 기업의 선전을 기적적으로 다 제거하여 백지상태로 돌아간다면 기후 문제를 말끔하게 해결할 수 있을까?

1979년 봄, 우리는 바로 그 백지상태에 가까웠다. 백악관 지붕에 태양광 전지판을 설치하고 지지율이 46퍼센트까지 올라간 지미 카터Jimmy Carter 대통령은 이스라엘 이집트 간 평화조약에 서명을 이끌어내고 다음과 같이 말했다. "우리는 적어도 평화의 첫걸음을 내딛는 데 성공했다. 이전까지와는 방향이 다른 기나긴 여정의 첫걸음을 내디딘 것이다." 당시 미국에서 가장 인기 있는 영화는 핵 발전소의 재난을 다룬 〈차이나 신드롬The China Syndrome〉이었고, 비 지스Bee Gees의 〈트래지디Tragedy〉가 가장 널리 불렸다. 대대적인 기후변화 뒤에 중세 유럽에 닥친 재난의 역사를 다룬 바버라 터크먼Barbara Tuchman의 《먼 거울A Distant Mirror》은 그해 내내 베스트셀러에 올라 있었다. 멕시코만 연안의 한 유정油井이 폭발했으며, 이때 유출된 기름은 장장 아홉 달 동안 바다를 덮으면서 텍사스주 갤버스턴만까지 흘러들 터였다. 펜실베이니아주 런던데리 타운십에 있는 스리마일섬 원자력발전소에서는 정수 필터 하나가 망가지고 있었다.

그즈음 워싱턴 D. C.에 있는 지구의 벗Friends of the Earth 본부에서는 '환경 로비스트'를 자칭하는 서른 살의 한 활동가가 두툼한 정부 보고서 한 부를 붙들고 씨름하고 있

었다. 그 보고서로 인해 자신의 인생이 바뀔 것이라는 사실
을 알지 못한 채.

Losing Earth

차례

PART 1 길거리에서 부르며
1979 — 1982

날카로운 눈매, 희고 긴 손가락,

돌담에 엉킨 치렁치렁한 머리카락,

비명처럼 외치는 실성한 소녀의 입: 분수처럼 쏟아내는 너의 그 신랄한 예언을

사람들이 믿거나 말거나 무슨 상관이냐?

어차피 인간은 진실을 싫어하거늘,

진실을 듣느니 차라리 길에서 호랑이를 마주치지

로빈슨 제퍼스 Robinson Jeffers, 〈카산드라 Cassandra〉, 1948

길거리에서 부르며

1979 — 1982

테이프 포머런스
Rafe Pomerance

1983년

© J. Scott

첫걸음

레이프 포머런스Rafe Pomerance의 눈길이 정부간행물 〈EPA-600/7-78-019〉호 66쪽에 꽂혔다. 간략히 요약하면, 인류가 생존에 필수 불가결한 조건들을 스스로 파괴하고 있다는 내용이었다. 포머런스가 읽고 있는 보고서는 캐피털힐 지구의 주택 1층, 지구의 벗 워싱턴 본부이자 그의 사무실에 잔뜩 쌓인 수많은 문서 중 하나로, 흑색 표지에 베이지색으로 제목이 적힌 석탄에 관한 기술 보고서였다. 환경 관련 규제에 대해 쓴 챕터의 마지막 문단에 이 석탄 보고서의 저자들은 화석연료를 이대로 계속 사용하다가는 20~30년 안에 지구 대기에 "중대하고도 위험한" 변화를 초래할 것이라고 적었다.

　　포머런스는 이 뜬금없는 문장에 너무 놀란 나머지 입을 다물지 못했다. 어디서도 들어본 적 없는 말이었다. 다시 읽었다. 이해할 수 없었다. 사실 포머런스는 11년 전 코넬대학 역사학과를 졸업한 역사학도였지 과학자는 아니었다. 뿔테 안경, 입꼬리 부근에서 시들하게 늘어진 콧수염, 사시사철 트위드 재킷 하나로 버틸 듯한 그는 겉으로만 보면 새벽까지 날밤을 새우고 도서관에서 기어나오는 허약한 박사과정 학생 같았다. 무엇보다 포머런스의 가장 두드러진 특징은 190센티미터가 넘는 장신이라는 점이다. 덕분에 누군가를 만날 때면 늘 허리를 숙여 눈높이를 맞춰야 해서 난처한 순간이 많았다. 기쁠 때는 말 그대로 숨넘어갈 듯 웃어젖힐 만큼 감정 표현이 풍부한 포머런스였지만, 석탄 보고서처럼 심각한 사안을 마주하면 어지간해서는 평정을 잃지 않는다. 난해한 전문적인 보고서들을 읽을 때 그는 역사학도의 눈으로 신중하게 자료를 조사하면서 행간의 의미를 이해하려고 노력했다. 그러다가 막히면 종종 보고서를 쓴 이에게 전화를 걸었는데, 대부분의 저자가 포머런스의 열정에 놀라곤 했다. 과학자들은 정치적인 로비스트들의 질문을 썩 잘 받아주지 않는 편이었다. 물론 정치적인 문제에 대해 고민하는 과학자도 거의 없었다.

포머런스는 석탄 보고서를 읽으면서 한 가지 커다란 의문을 품었다. 석탄과 석유, 천연가스를 태우는 게 지구적인 재앙을 초래할 수 있다면 왜 여태까지 아무도 그에게 이 중대한 문제를 말하지 않았을까? 워싱턴에서, 아니 미국을 통틀어 이러한 위험을 알아야만 하는 사람이 있다면, 그건 바로 포머런스였다. 10년 전 미국의 환경 단체인 시에라 클럽Sierra Club에서 은퇴한 데이비드 브로어David Brower의 자문으로 설립된 지구의 벗 법무팀 부국장으로서 포머런스는 당시 미국에서 가장 활동적인 환경 운동가였다. 그리고 법률 및 행정과 관련된 거의 모든 정부 부서의 담당자들과 긴밀한 관계를 맺고 있었다. 그가 더크슨 상원 회관 강당에서 '지구의 날' 행사를 별 난관 없이 개최할 수 있었던 데는 모건도Morgenthau 가문의 사람이라는 (미국의 28대 대통령이었던 우드로 윌슨의 대사로 오스만제국에서 명성을 날린 헨리 모건도 시니어의 증손자이고, 프랭클린 D. 루스벨트 재임 중 재무부 장관을 역임했던 헨리 모건도 주니어의 조카 손자인 동시에 맨해튼 지방 검사 로버트 모건도의 육촌 동생이라는) 이유도 한몫했을지 모른다. 그게 아니면 순전히 겸손하면서도 과격하고 유창한 말솜씨에 집념이 강할 뿐 아니라, 혼잣말을 해도 **연설처럼** 보이게 할 줄 아는 재능을 타고난 포머런스의 카리스마 때문인지도 모른다. 포머런스가 가장 강한 집념을 쏟는 대상은 대기였다. 복지권과 관련된 부서의 조직책으로 경험을 쌓은 뒤에 포머런스는 20대의 절반을 대기오염을 규제하는 포괄적인 법안인 대기오염 방지법Clean Air Act을 수호하고 확장하는 데 전념했다. 실제로 그는 이 법안에서 몇몇 개정 조항의 초안을 잡기도 했다. 대기오염에서 시작된 포머런스의 관심은 자연스럽게 산성비 문제와 석탄 보고서에까지 이르렀다.

포머런스는 사무실 동료인 베시 에이글Betsy Agle에게 자신을 혼란에 빠뜨린 단락을 보여주었다. 그러고 나서 그녀에게 '온실효과'라는 말을 들어본 적이 있느냐고 물었다. 인간이 이 행성을 뜨겁게 만드는 게 정말로 가능한 일이냐고도 물었다.

에이글은 어깨를 으쓱해 보였다. 그녀는 온실 어쩌고 저쩌고는 물론이거니와 우리가 행성을 데우고 있다는 말도 금시초문이라고 했다.

대화는 거기서 끝나는 듯했다. 그런데 며칠이 지난 어느 날 아침 에이글이 지구의 벗 덴버 지부에서 보낸 신문 한 부를 들고 포머런스의 사무실로 들어오면서 문제는 다시 도마 위에 올랐다.

"며칠 전에 저에게 한 질문 말이에요, 이 기사와 관련 있지 않나요?" 에이글이 신문을 건네며 물었다.

신문에는 고든 맥도널드Gordon MacDonald라는 지구물리학자에 관한 기사 한 편이 실려 있었다. 맥도널드라는 이름은 생소했지만, 그가 속해 있다는 엘리트 과학자들의 비밀스러운 단체인 제이슨Jason 팀에 대해서라면 포머런스도 잘 알았다. 제이슨 팀은 은하계의 위기 때마다 힘을 합쳐 문제를 해결하는 '어벤저스Avengers'의 과학계 실사판이라고 할 수 있다. 국가 안보를 위협하는 가장 골치 아픈 문제들에 참신한 과학적 해결책을 강구하기 위해 미국 정보 관련 부서에서 소집했기 때문이다. 발사된 미사일을 감지하거나 핵폭발의 낙진 범위를 예측하는 방법을 고안하고 고성능 레이저 빔, 음속 폭음, 전염병 감염 쥐와 같은 신종 무기 개발 등이 팀의 소집 목적이었다. 제이슨 팀원 중 일부는 연방 정부와 계약을 한 상태이거나 미국 정보부와 오랜 유대를 맺고 있기도 하지만, 일류 대학의 연구 기관에서 고위 직책을 맡은 사람도 있었다. 어쨌거나 제이슨 팀 전원은 굳건한 신념으로 똘똘 뭉쳤고, 미국이 권력과 힘을 쓸 때는 과학계 석학들의 의견을 참고해야 한다는 점에서 연방 정부 측과 생각이 같았다. 제이슨 팀은 매해 여름 은밀히 만났는데, 호치민 루트라고도 알려진 호치민 트레일Ho Chi Minh Trail을 따라 폭격기에 신호를 보내는 동작 감지기를 설치하는 계획을 담은 펜타곤 보고서Pentagon Papers가 언론에 공개되기 전까지 이들의 존재는 아는 사람만 아는 비밀이었다. 베트남전쟁이 끝난 뒤 반전 시위대가 맥도널드의 차고에 불을 지른 사건이 있었고, 이를 계기로 맥도널드는 제이슨 팀이 가진 능력을 전쟁이 아닌 평화에 이용할 것을 호소했다.

고든 맥도널드는 제이슨 팀이 세상을 구하는 데 힘을 모을 수 있기를 희망했다. 그가 보기에 인류 문명은 존망의 위기에 직면해 있었다. 린든 존슨Lyndon Johnson의 과학 자문위원으로 재직하던 1968년 즈음에 발표한 에세이 〈환경은 어떻게 파괴되는가?How to Wreck the Environment?〉에서 맥도널드는 가까운 미래에 "핵무기는 사실상 금지되겠지만, 환경 재앙이 대규모 파괴를 불러올 것"이라고 예측했다. 머지않아 기후가 세계를 위협하는 강력한 대량 살상 무기가 될 거라고 경고한 것이다. 배출량이 가속적으로 늘어나는 산업용 이산화탄소가 기후의 패턴 자체를 변화시킬 수 있으며 그로 인한 대규모 이주, 기아, 가뭄, 경제 붕괴가 불가피하다는 의미였다.

　　이후 10여 년간 맥도널드는 우리 인류가 악의는 없을지언정 부지불식간에 점점 더 빠른 속도로 이 특정한 대량 살상 무기 확산에 열을 올리고 있다고 줄곧 경고해왔다. 그 와중에, 이판암과 타르샌드에서 추출한 가스 및 액체연료를 통칭하는 고탄소 합성 연료 개발에 착수할 것을 지시한 카터 대통령의 행동은 수소폭탄의 시대를 다시 연 것에 비길 만큼 위험천만한 실책이었다. 1977년 봄부터 1978년 여름까지 제이슨 팀은 콜로라도주 볼더에 있는 국립대기연구센터National Center for Atmospheric Research에 모여서 대기 중 이산화탄소의 농도가 산업혁명 이전의 두 배가 될 경우 벌어질 일에 대해 의견을 나누었다. 임의적인 지표로서 '두 배'를 가정하긴 했으나 엄밀히 말하면 이 행성이 무려 46억 년에 걸쳐 대기 중에 채워놓은 이산화탄소 농도를 인류 문명이 단박에 두 배로 늘리는 셈이니, 폭발이라 할 만큼 극적이었다. 사실 이산화탄소 농도가 두 배가 되느냐 마느냐는 더 이상 질문거리도 아니다. 고등학생 수준의 산수로 계산해도 앞으로 화석연료를 얼마나 태우느냐에 따라서 빠르면 2035년, 아무리 늦어도 2060년이면 '두 배'의 문턱은 넘고도 남는다.

미국 에너지부Department of Energy에 제출한 제이슨 팀의 보고서 〈대기 중 이산화탄소가 기후에 미치는 장기적인 영향The Long - Term Impact of Atmospheric Carbon Dioxide on Climate〉에는 끔찍한 결과들을 강조하긴 했으나 상당히 절제된 어조로 다음과 같이 적혀 있었다. 지구 온도가 평균 섭씨 2도에서 3도 상승할 경우, 북아메리카 일대의 모래 폭풍을 일컫는 더스트 볼Dust Bowl 현상이 북아메리카뿐 아니라 아시아와 아프리카의 방대한 지역을 위협할 것이다. 농작물 수확량과 식수 접근성은 가파르게 떨어지고 전례 없는 수준의 대규모 이주를 촉발할 것이다. 그러나 "가장 불길한 미래는" 극지방에서 나타난다. 미미한 수준의 온도 상승으로도 서남극 빙상을 "빠르게 녹일" 수 있는데, 이 빙상은 해수면을 5미터가량 높이기에 충분한 양의 물을 함유하고 있다.

제이슨 팀은 이 보고서를 미국과 세계 각지의 과학자 10여 명을 비롯하여 미국석탄협회National Coal Association, 전력연구소Electric Power Research Institute, 정부 산하의 국립과학아카데미, 상무부Commerce Department, 환경보호국, 미국항공우주국National Aeronautics and Space Administration, NASA, 국가안전보장국National Security Agency, NSA, 국방부 및 산하의 군 기

관들, 국가안전보장회의National Security Council, NSC 그리고 백악관에 전달했다.

포머런스는 충격에 사로잡힌 채 기사를 읽었다. 기후 변화 패턴에 따라 가슴속에서 분노가 요동치는 듯했다. 그는 에이글에게 말했다, "이거 완전히 돌아버리겠군".

포머런스는 기사에서 언급한 과학자이자 연방 정부의 재정을 지원받아 국방 및 핵무기 기술을 개발하는 두뇌 집단, 마이터 코퍼레이션MITRE Corporation에 소속된 고든 맥도널드를 꼭 만나고 싶었다. 그의 직함은 수석 연구 분석가였는데, 당시 국가 정보 관련 부서에서는 과학 고문을 그런 식으로 에둘러 호칭했다. 통화를 한 뒤, 포머런스는 메릴랜드주와 버지니아주 교외를 순환하는 495번 주 간 고속도로로 자동차를 올렸다. 베트남전쟁 반전 운동가이자 양심적 병역 거부자였던 포머런스가 향한 곳은 미국 군산복합체의 심장부라 할 만한 곳이었는데 겉보기에는 지방 은행들의 본점이 밀집한 금융 단지 같았다. 포머런스는 뿔테 안경에 희끗희끗한 머리칼이 부드럽게 이마를 덮은 건장하고 상냥한 말씨의 한 남자가 있는 사무실로 안내를 받았다. 미식축구 선수이자 영화배우였던 알렉스 카라스Alex Karras와 쌍둥이라고 해도 믿을 만큼 닮은, 그러니까 미식축구 공격진의 라인맨 외모에 두뇌는 지구물리학자인 고든 맥도널드가 포머런스에게 곰 발 같은 손을 내밀어 악수를 청했다.

젊은 활동가를 맞이하면서 맥도널드가 건넨 첫 마디는 "이 문제에 관심이 있으시다니 참 반갑소"였다.

"어떻게 관심을 갖지 않을 수 있겠습니까? 아무도 관심을 갖지 않았다는 게 놀라울 따름입니다." 포머런스가 말했다.

맥도널드는 인류의 멸망을 예언하는 선지자 역할에 어울리지 않게 상당히 예의 바르고 기품이 넘쳐흘렀다. 아홉 살에 찾아온 소아마비는 한쪽 다리를 절게 만들었지만 대신 그에게 과학에 대한 열정을 심어주었다. 댈러스의 한 병원에 입원한 몇 달 동안 맥도널드는 자신의 병과 관련된 의학 저널들을 찾아 읽으며 지냈다. 그는 다리가 불편했음에도 샌 마르코스 아카데미 고교 풋볼 팀의 가드로 발탁되었고 졸업 후에는 라이스대학에서 풋볼 장학생 제의를 받았다. 하버드대학에서는 조건 없는 전액 장학금을 제안했다. 대학 캠퍼스에 입성하자마자 맥도널드는 천재로 명성을 얻기 시작했다. 20대에는 드와이트 D. 아이젠하워 Dwight D. Eisenhower 대통령 임기 중 우주탐사 분야 고문으로 활동했고 서른두 살에는 국립과학아카데미 회원이 되었다. 마흔 살에 맥도널드는 환경위원회 초대 회원으로 위촉받고 석탄 연소의 환경적 위험에 대해 리처드 닉슨Richard Nixon 대통령에게 처음으로 자문을 시작했다. 쉰 번째 생일을 앞둔 지금 맥도널드는 자신이 포머런스만큼 젊었을 때, 그러니까 그가 존 F. 케네디John F. Kennedy 대통령의 자문으로 있었던 1961년에 시작했던 이산화탄소 문제와 관련한 첫 연구에 대해 설명했다. 맥도널드는 이 문제에 대해 그 어느 때보다 더 큰 위기감을 느꼈고 그 어느 때보다 더욱 면밀하게 파고들었다.

맥도널드와의 대화는 두 시간가량 계속되었다. 인간이 이산화탄소 문제를 이해하고 그 심각성을 깨달아간 역사를 차근차근 풀며 거기 숨어 있는 근본적인 과학을 짚어주는 맥도널드의 설명을 들으면서 포머런스는 소름이 돋았다.

"저, 박사님, 의회에서 브리핑할 자리를 마련하면 지금 저에게 들려주신 이야기를 그대로 발표하실 수 있을까요?" 포머런스가 물었다.

이른바 고든 맥도널드와 레이프 포머런스의 이산화탄소 순회공연은 그렇게 시작되었다. 포머런스는 의회에서 영향력을 행사할 만한 사람이라면 누구든지 불러 모아 비공식 브리핑을 했다. 사람들이 들을 준비가 되면 먼저 맥도널드가 꼼꼼하고 차분하게 이산화탄소 문제의 과학적인 측면을 설명하고 포머런스는 추임새를 넣듯 가끔씩 호소력 있게 요점을 짚어주는 식으로 진행했다. 자리에 모인 사람들은 하나같이 놀라움을 금치 못했다. 맥도널드와 포머런스는 만난 사람들 거의 대부분이 제이슨 팀의 보고서를 진즉에 받아 보았을 텐데도, 지구온난화가 가져올 디스토피아적 결말을 파악하기는커녕 고위 간부들조차 이산화탄소 문제를 생소하게 여긴다는 사실에 경악했다. 환경보호국, 〈뉴욕 타임스 The New York Times〉, 에너지부(포머런스가 듣기로 에너지부는 2년 전 맥도널드의 강력한 권고에 따라 이산화탄소 효과 관리청 Office of Carbon Dioxide Effects을 신설했다), 국가안전보장회의(포머런스의 사촌 제시카 매튜스 Jessica Mathews가 고위 간부로 재직하고 있었다) 그리고 백악관의 환경위원회를 거쳐 마침내 두 사람은 대통령의 수석 과학자였던 프랭크 프레스 Frank Press를 만났다.

백악관 서관 West Wing을 굽어보며 화강암 요새처럼 우뚝 솟은 행정동 빌딩 Old Executive Office Building 안에 있는 프레스의 사무실에 들어서고서야 비로소 포머런스는 맥도널드가 미국 정부 최고위층에 속한 대단한 인물임을 실감했다. 맥도널드와 프레스는 케네디 재임 시절부터 알고 지낸 사이였는데, 당시에 프레스는 가이거계수기를 이용해서 소련의 지하 핵실험 프로그램을 탐지하는 방법을 발견한 것으로 이름을 날리고 있었다. 프레스는 이산화탄소 문제에 대해 잘 알았다. 카터 취임 6개월 뒤인 1977년 7월에 이미 프레스는 대통령에게 무분별한 화석연료 사용이 최대 섭씨 5도까지 "지구적 규모로 온난화"를 일으킬 수 있으며 그로 인해 "농작물 수확량이 대폭 감소"할 수 있다고 적은 메모를 전달했다. 프레스는 "대통령께서도 아시다시피, 이 문제는 어제오늘 일이 아니"라고 적었다. 하지만 메모 말미에서 프레스는 "현재까지 밝혀진 사실"만 가지고는 "근시일 내에 조치를 취해야 할 필요는 없다"고 결론을 내려버렸다. 그때부터 프레스는 카터의 합성 연료 프로그램을 감독했다.

포머런스는 곧이어 시작될 간략한 브리핑이 고위급 국가 안보 회의에 비견할 만큼 삼엄한 분위기에서 진행될 것 같은 예감이 들었다. 그도 그럴 것이 프레스가 대통령 직속 과학기술국 Office of Science and Technology Policy의 고위직 간부들을 전원 다 소집했기 때문이다. 과학기술국은 에너지와 국가 방어 전략에 관한 모든 시급한 문제들에 대해 자문하는 기관이지만 기후 문제를 특별히 잘 아는 것 같지는 않았다. 포머런스는 브리핑 전부를 맥도널드에게 맡기는 것이 최선이라고 생각했다. 프레스와 그가 소집한 간부들에게 이 문제가 국가적으로 심대한 의미를 갖는다는 사실을 굳이 강조할 필요는 없었다. 사무실 안의 엄숙한 분위기가 다 말해주고 있었으니까.

이산화탄소 문제가 비단 먼 미래뿐 아니라 가까운 미래에 어떤 결과를 가져올지 설명하기 위해 맥도널드는 (찰스 다윈Charles Darwin 이론의 초창기 옹호자였고 우연히도 아내가 준 수면제에 중독되어 사망한 아일랜드의 물리학자 존 틴들John Tyndall 까지) 먼 과거로 거슬러 올라갔다. 1895년 틴들은 온실효과가 가져올 필연적 결과를 추론했다. 열을 흡수하는 이산화탄소 분자의 성질 때문에 대기 중 이산화탄소 농도가 바뀌면 기후도 바뀔 수 있다는 단순한 원리에서 출발한 것이다. 1896년에는 틴들의 발견에서 영감을 얻은 스웨덴의 화학자이자 훗날 노벨상 수상자인 스반테 아레니우스Svante Arrhenius도 에너지 대량생산을 목적으로 석탄과 석유를 더 많이 태울수록 지구의 온도가 높아질 수 있다는 결론을 내렸다. 아레니우스는 온난화가 수 세기 안에 뚜렷하게 드러날 것이고, 화석연료 소비가 지속적으로 증가할 경우에는 더 빠르게 가시화될 거라고 계산했다.

실제로 화석연료 소비량은 스웨덴의 화학자가 상상한 것보다 훨씬 빠르게 증가했다. 40년 후에 가이 스튜어트 캘런더 Guy Stewart Callender라는 영국의 한 증기 공학자가 계산하기로 "1분당 대기로 배출되는 이산화탄소의 양은 약 9,000톤"에 달했다. 가이 스튜어트 캘런더가 조사했던 모든 기상 관측소에서 이전 5년 동안 지구의 기온은 기후학 역사 이래 최고점을 찍었다. 그는 "인간이 자연의 진행 속도를 높일 수 있다"고 기록했다. 이것이 바로 1939년의 일이다.

맥도널드의 목소리는 위엄 있고 신중했으며, 박력 있는 손짓은 주장에 힘을 실었다. 청중 사이에 엄숙한 침묵이 흘렀다. 포머런스는 좌중의 반응을 읽을 수가 없었다. 정부 기관 사람들은 밥줄이 걸린 일에는 개인적인 견해를 드러내지 않는 편이다. 조바심에 몸이 단 포머런스는 자리를 바꿔 앉으면서 제이슨 팀과 정부 관료들이 맥도널드가 설명한 이 거대한 괴물의 실체를 제대로 파악하고 있는지 살폈다.

맥도널드는 로저 레벨 Roger Revelle에 관한 이야기로 긴 설명회를 마무리했다. 정부 소속 과학자들 중에서 기품으로 따지면 단연코 최고위급 사제라 할 만한 로저 레벨은 맨해튼 프로젝트Manhattan Project 이후 재임한 모든 대통령의 주요 정책들에 자문했으며, 맥도널드뿐 아니라 프레스와도 케네디 재임 시절에 동료로 만나 지금까지 친분이 깊었다. 북유럽의 작은 마을에서 차가운 공기를 마시며 살고 있던 아레니우스와 캘런더는 공기가 따뜻해질지 모른다는 예언을 반겼을지 모르지만 레벨의 해석은 달랐다. 여태까지 인류는 특정한 기후 조건들을 바탕으로 사회를 건설했는데 만일 그 조건이 바뀌면 인류 사회도 파괴적 몰락을 피할 수 없으리라고 본 것이다. 맥도널드는 레벨과 한스 쥐스Hans Seuss가 1957년에 발표한 중요한 논문의 한 구절을 인용했다. "현재 인류는 과거에도 없었고 미래에도 반복할 수 없는 거대한 규모의 지구물리학적 실험을 강행하고 있다." 이듬해 레벨은 기상국Weather Bureau을 도와 하와이 빅아일랜드의 마우나 로아 산꼭대기에 관측소를 설치해 대기 중 이산화탄소 농도를 지속적으로 측정하는 프로그램을 신설했다. 해발 약 3,500미터에 위치한 이 관측소는 화석연료 배설물로 덮인 이 행성에서 오염되지 않은 아주 드문 천혜의 실험실이다. 젊은 지구화학자 찰스 데이비드 킬링Charles David Keeling은 이산화탄소 농도를 측정하고 그래프로 그렸다. 킬링이 그린 그래프는 들쭉날쭉한 번갯불이 땅에서 하늘로 치솟는 모양이었는데, 그 생김새와 달리 이름은 킬링 곡선Keeling Curve이라고 알려져 있다. 맥도널드의 과묵한 청중은 킬링 곡선을 허공에 그리며 천장을 향해 휙 치켜든 맥도널드의 집게손가락을 따라 고개를 치켜올렸다.

해가 거듭될수록 인류의 대규모 지구물리학적 실험은 점점 더 대담해지고 있다고 맥도널드는 설명했다. 킬링이 약 10년치 그래프를 완성한 뒤, 마침내 레벨은 자신이 우려하는 바를 린든 존슨 대통령에게 알렸고, 린든 존슨은 취임 후 2주 만에 의회에 보내는 특별 서한에 이 문제를 포함시켰다. 존슨은 우리 세대가 화석연료를 태우면서 "지구적 규모로 대기의 조성을 바꾸어놓고 있다"고 설명했다. 존슨 행정부는 레벨이 이끄는 과학자문위원회Science Advisory Committee에 조사를 의뢰했고, 위원회는 1965년 보고서에서 남극대륙의 급격한 해빙解氷, 해수면 상승, 담수의 산성화를 지적하면서 "지역적인 노력은 물론이고 심지어 국가적 노력으로도 통제할 수 없는" 변화가 시작될 수 있다고 경고했다. 그야말로 전 세계가 함께 움직이는 조직적인 노력이 필요할 터였다. 물론 그러한 노력은 현실화되지 않았으며 이산화탄소 배출량은 꾸준히 증가했다. 이 증가세가 계속될 경우, 뉴잉글랜드에서는 더 이상 눈을 볼 수 없고 대부분의 해안 도시들이 침수되고 밀 생산량은 40퍼센트 이상 감소할 것이며 세계 인구 4분의 1이 삶의 터전을 잃고 강제 이주를 할 수밖에 없다고 맥도널드는 설명했다. 몇 세기 뒤가 아니라 바로 자신들의 세대 안에서 이러한 결과들을 목도하게 될 것이라고.

"그렇다면 말일세," 프레스가 물었다. "우리가 무엇을 해야 하나?"

사우디아라비아의 석유파동이 잦아든 뒤 카터 대통령은 의회에 '국가 태양에너지 전략'을 법제화할 것을 제안하고 백악관 지붕에 32개의 태양광 전지판을 설치해 대통령 일가가 쓸 온수를 공급하는 등 힘찬 첫발을 내딛었다고 맥도널드는 설명했다. 물론 합성 연료 생산을 재촉한 카터의 계획은 자칫 전멸의 나락으로 떨어뜨릴 만큼 위험했지만 말이다. 스리마일섬 원자력발전소에서 최근에 끔찍한 사건이 일어나긴 했지만 원자력발전소를 더 늘려야 한다고, 그래도 화석연료를 사용한다면 석탄보다는 천연가스나 에탄올이 낫다고 언급했다. 그러나 궁극적으로는 석탄 생산을 멈추어야 한다고 덧붙였다.

카터의 자문단은 정중하게 질문했으나 포머런스는 그들이 맥도널드의 주장에 수긍한 것인지 아닌지를 가늠할 수 없었다. 사람들이 일어나 악수를 나누고 흩어진 뒤에 프레스가 직접 맥도널드와 포머런스를 사무실 밖으로 안내했다. 펜실베이니아가街로 걸어 나오면서 포머런스는 맥도널드를 돌아보았다.

포머런스는 맥도널드가 아는 프레스라면 과연 어떤 행동을 취할 것 같으냐고 물었다.

맥도널드는 자신이 아는 한 프레스가 어떤 행동을 취할지 알 수 없다고 대답했다.

포머런스의 불안감은 더욱 커져만 갔다. 맥도널드와의 만남 이후로 포머런스는 이산화탄소 문제에 깔린 과학과 정치적 해법의 가능성에 집중했다. 하지만 의회 순회공연을 마치고 난 뒤에 포머런스는 대기의 온난화가 자신의 삶에 실제로 어떤 영향을 미치는지 궁금해지기 시작했다. 그의 아내 레노어는 임신 8개월 차에 접어들고 있었다. 부부는 자신들이 바라는 미래상에 대해 많은 대화를 나누었다. 머지않아 인간에게 적대적으로 변할 수도 있는 이 행성에 아기를 태어나게 하는 일이 과연 윤리적일까? 최악의 상황을 모면할 시간이 아직 남아 있을까? 그리고 도대체 왜, 긴급한 지구적 위기를 만방에 호소하는 임무가 과학이라고는 쥐뿔도 모르는 서른두 살의 환경 운동가인 자신에게 떨어졌는가?

몇 주가 지나서 맥도널드로부터 프레스가 마침내 행동을 취했다는 연락이 왔다. 5월 22일, 프레스는 국립과학아카데미 회장인 필립 핸들러 Philip Handler 에게 이산화탄소 문제에 대한 전반적인 검토를 요청하는 서한을 보냈다. 핸들러는 현대 기상학의 시조라고 할 수 있는 줄 차니 Jule Charney 에게 해양학과 대기과학 분야에서 최고로 손꼽히는 과학자와 기후 모델 전문가 들을 소집할 것을 요청했다. 그리고 맥도널드의 경고가 타당한지, 실제로 세계가 재앙을 향해 가고 있는지 판단하는 임무를 맡겼다.

그 소식에 불안감은 사그라졌지만, 포머런스는 여기까지 오는 데 이토록 오랜 시간이 걸렸다는 사실이 도무지 믿기지 않았다. 정부에 소속된 고위급 과학자들은 화석연료 연소의 위험을 수십 년 전부터 알고 있었음에도 단지 학술지에 논문을 싣거나 학술 심포지엄을 열고 전문 보고서를 발표하는 게 전부였다. 이 문제를 위해 싸운 정치가나 환경 운동가도 없었다. 모두가 아무것도 하지 않은 것이다. 이제 모든 게 바뀔 거라고 포머런스는 생각했다. 차니가 소집한 최고의 석학들이 인류 문명이 자멸을 재촉하고 있다는 사실을 입증한다면, 대통령도 행동하지 않을 수 없을 테니까.

거울에 비친 세상들

제임스 핸슨과 애니크 핸슨의 거실, 모닝사이드 파크가 한 눈에 들어오는 유리창 바로 아래에는 아무도 앉은 적 없는 갈색 벨벳 천을 씌운 2인용 소파가 있었다. 두 사람은 두 살 난 아들 에릭을 소파 근처에 얼씬도 못하게 했다. 소파 바로 위 천장이 볼썽사납게 내려앉았기 때문이다. 외계 생명체를 잉태하기라도 한 것처럼 시간이 갈수록 천장은 더 불룩하게 주저앉고 있었다. 제임스는 반드시 수리하겠노라고 애니크에게 약속했다. 그도 그럴 것이 스피튼 듀이빌의 고풍스러운 아파트가 제공하는 '허드슨강 전망권'을 포기하고, 경찰차 사이렌 소리가 자장가로 들리고 군데

군데 허물어진 벽을 따라 2층을 걸어서 오르내려야 하며 새끼 밴 것 같은 천장까지 있는 이 집으로 이사하자고 우긴 사람이 제임스였기 때문이다. 예전 집에서 맨해튼의 나사 고다드우주연구소 NASA Goddard Institute for Space Studies 까지 왕복도 아니고 **출근에만** 무려 40분이나 걸리는 통근 시간에 불만이 쌓여왔던 데다, 금성 궤도에 도달한 파이오니어 Pionner 호가 지구로 데이터를 전송하기 시작하면 1분 1초가 아까워질 게 뻔했다. 하지만 몇 블록 거리로 이사를 했음에도 제임스에게는 천장을 수리할 시간이 나질 않았고, 이사한 지 넉 달 만에 결국 천장은 파티 색종이처럼 녹슨 파이프 부스러기와 나뭇조각을 흩뿌리며 터져버렸다.

그것이 4월이었다. 제임스는 다음에 틈이 나면 천장을 고치겠다고 맹세하고 또 맹세했다. 제임스의 계산에 따르면 그 틈이 나는 때는 추수감사절쯤일 터였다. 애니크는 제임스에게 약속을 지킬 시간을 주기로 했다. 즉, 일곱 달 동안 뻥 뚫린 거실 천장에서 소파 위로 회반죽 가루와 먼지가 떨어지는 걸 보면서 참고 살기로 했다는 뜻이었다.

제임스가 한 약속은 그것 말고도 또 있었다. 매일 오후 7시부터는 가족과 저녁 식사를 하고 함께 시간을 보내겠노라는 약속이었다. 하지만 오후 8시 반쯤 되면 제임스는 어김없이 수학 문제에 다시 코를 박고 몰두하기 시작했다. 애니크는 연구에 심취한 제임스를 원망하지 않았다. 자기 일에 몰두하는 태도 역시 그녀가 제임스를 사랑하는 이유였으니까. 그런 애니크였지만 제임스가 집착하는 대상이 지구에서 약 3,860만 킬로미터나 떨어진 한 행성의 대기 조건이라는 사실은 아무리 생각해도 좀 당황스러웠다. 제임스 역시 자신의 연구 대상을 생각할 때면 당황스럽긴 마찬가지였다. 아이오와주 데니슨에서 농장을 떠돌며 품팔이하다가 바텐더가 된 한 남자와 식당 종업원의 막내아들로 태어난 촌뜨기가 누구에게도 부탁한 적 없는 기막힌 운명의 반전을 거쳐 금성을 연구하고 있다는 사실을 생각하면 제임스 본인도 신기하기만 했다. 그것은 마치 제임스의 삶에 느닷없이 벌어진 일처럼 느껴졌다.

　제임스 핸슨은 나사 과학자들을 통틀어 어린 시절에 우주를 꿈꿔본 적 없는 사람은 자기밖에 없다고 생각했다. 어린 시절 그에게는 야구가 전부였다. 날씨가 맑은 밤이면 트랜지스터라디오를 끌어안고 캔자스시티 블루스와 뉴욕 양키스의 마이너리그 최우수 팀들의 경기 중계방송에 귀를 기울였다. 아침이면, 고등학교 3년 내내 집집마다 자신이 배달하던 〈오마하 월드 헤럴드Omaha World-Herald〉에서

야구 시합 결과표를 오려 공책에 붙이고 통계를 적는 게 일이었다. 그 숫자들을 보노라면, 수돗물도 나오지 않고 냉장고도 없는 집에서 6명의 형제와 방 2개를 나눠 써야 했던 궁핍함과 박탈감도 잊을 수 있었다. 제임스는 아이오와대학에서 수학과 물리학을 전공했다. 서로 관련 없어 보이는 두 사건이 대학을 졸업하던 바로 그해에 일어나지 않았다면 제임스는 아마도 평생 행성이나 우주의 물질에 대해서 관심조차 갖지 않았을 것이다. 발리에서 일어난 화산 폭발과 개기월식이 바로 그 두 사건이었다.

1963년, 새해를 이틀 앞둔 (채찍 같은 바람이 불고 기온이 영하 12도까지 내려간) 12월 30일, 핸슨은 천문학 교수와 함께 마을에서 수 킬로미터 떨어진 옥수수밭으로 나갔다. 낡은 옥수수 창고에 망원경을 설치하기 위해서였다. 옥수수 창고는 40에이커(약 162제곱미터)에 이르는 주변 농장들에서 추위를 피해 모여든 파리, 딱정벌레, 말벌로 가득했다. 새벽 2시부터 오전 8시까지 핸슨은 연장 전선이 얼었을 때와 동상에 걸릴까 봐 차로 달려갔을 때를 제외하고 한시도 쉬지 않고 광전자 분광기로 월식을 촬영했다.

보통 월식이 일어나는 동안 달은 모양이나 색깔이 오렌지와 비슷하다. 개기월식일 경우에는 핏방울처럼 붉게 보인다. 그런데 이번에는 천문학 교수도 깜짝 놀랄 일이 벌어졌다. 달이 아예 사라져버린 것이다. 핸슨은 지구 반대편 발리에서 자그마치 여섯 달 전에 폭발한 아궁 화산의 화산재가 대기로 유입되어 달을 가렸다고 결론지었고, 이 놀라운 사건을 석사학위 논문의 주제로 삼았다. 이 발견으로 핸슨은 보이지 않는 입자들이 보이는 세계에 미치는 영향에 흠뻑 매료되었다. 비가시 세계의 변덕스러운 상태를 이해하지 못하면 가시 세계도 이해할 수 없다는 사실을 깨달은 것이다.

운 좋게도 그는 아이오와대학에서 비가시 세계 분야에서 단연코 최고로 꼽히는 사람의 강의를 들을 수 있었다. 아이오와의 한 농촌 마을 출신으로 미국 최초의 인공위성을 설계했고 인간을 달에 보내는 계획을 제안한 과학 팀의 수장이었던 제임스 밴앨런James Van Allen이 바로 그였다. 우주의 나이와 관련한 중요한 단서를 처음 발견했을 뿐 아니라 두 겹으로 지구 주변을 감싸고 있는 대전입자들의 띠를 발견한 장본인이기도 했다. 도넛 모양을 닮은 이 띠는 밴앨런대^帶로 알려져 있다. 밴앨런의 권유로 핸슨은 달에서 금성으로 관심 대상을 바꾸었다. 핸슨은 금성의 표면이 왜 그토록 뜨거운지 밝혀내고 싶었다. 1967년에 소련의 인공위성이 그 답을 지구로 전송했다. 금성의 대기는 이산화탄소가 거의 대부분을 차지했던 것이다. 금성은 비록 한때는 무엇이 됐든 생물이 거주 가능한 온도였을지도 모르지만, 폭주하듯 일어난 온실효과에 굴복해버린 것처럼 보였다. 태양이 점점 더 밝게 타오르면서 평균수심이 약 25미터였을 것으로 여겨지는 금성의 바다는 증발하기 시작했다. 바다가 증발하면서 대기층은 더 두꺼워졌고 두꺼워진 대기는 행성의 온도를 더욱 높여, 행성 표면이 섭씨 400도를 훨씬 넘도록 달구면서 마지막 물방울까지 모조리 끓이며 증발을 가속했을 것이다. 이와는 반대로 화성은 대기도 빈약하고 이산화탄소도 희박해서 충분한 열을 가두지 못하기 때문에 표면 온도가 금성보다 섭씨 480도 이상 차갑다. 지구는 운 좋게도 금성과 화성 사이에서 골디락스Goldilocks 온실효과를 누리고 있기 때문에 생명을 보듬기에 딱 좋다.

애니크는 금성에 관한 데이터가 수집되어 분석을 마친 다음에는 제임스도 다소나마 정상적인 생활로 돌아오리라고 기대했다. 그런데 파이오니어호가 금성의 대기권에 진입하자 제임스는 날마다 어린애처럼 한껏 들뜬 채로 집에 돌아와 흥미진진한 소식들을 (변명과 함께) 늘어놓았다. 설상가상으로 앞으로 2년에서 3년 동안은 더욱더 일에 매달려야 할 상황이 벌어지고 말았다. 왜냐하면 나사가 연구 범위를 지구의 대기로까지 확대하고 있었기 때문이다. 제임스는 고다드연구소를 방문한 적 있는 줄 차니를 위해 기후 모델을 개발하면서 이미 지구의 대기에 대해 어느 정도 조사를 마친 상태였다. 금성에서 배운 교훈을 지구에 적용할 기회가 찾아온 것이다.

우리의 기후에 대해서 그리고 우리 인간이 기후에 얼마나 영향을 미칠 수 있는지에 대해서 더 많이 알고 싶다고 제임스는 애니크에게 말했다. 거대한 최신 슈퍼컴퓨터를 이용해서 우리 행성의 대기를 지도로 그리고, 각종 프로그램들을 돌려서 우리의 세상을 그대로 베낀 거울 세상Mirror World을 만들 것이라고도 했다. 지구상에서 벌어지는 모든 현상은 물리법칙을 따르며 그 법칙들은 모두 수학 공식으로 표현할 수 있다. 거의 대부분의 수학 공식들은 수십 년 전에 이미 완성되었다. 하지만 바다와 육지, 하늘에서 일어나는 현상을 지배하는 공식이 하나의 컴퓨터 모델로 통합된 것은 슈퍼컴퓨터의 성능이 개선된 1950년대와 1960년대에 이르러서였다. 전문용어로 '대기 순환 모델general circulation model'이라고 부르는 거울 세상을 통해서 지역적인 기후 패턴, 태풍의 형성, 식물의 성장, 해양 순환의 역학 등과 같은 복잡한 현상을 예측할 수 있게 된 것이다. 거울 세상이 실제 세상과 구별되는 가장 큰 차이점은 미래를 더 빨리 돌려볼 수 있다는 점이었다.

애니크는 제임스가 앞으로 몇 년은 또 일에 파묻혀 연구소에서 지내는 시간이 길어질 게 뻔하다는 생각에 속이 상했지만, 제임스의 뜨거운 열정에 두 손을 들 수밖에 없었다. 제임스는 어떤 일에서든 쉽게 흥분하거나 충동적인 사람이 아니었다. 물론 어떤 일이든 열심히, 열정적으로 달려드는 것은 맞다. 그런데 이번에는 달랐다. 애니크는 자신이 그 이유를 이해했다고 생각했다.

애니크는 물었다. "그러니까 당신 말은, 날씨를 더 정확하게 예측하는 방법을 찾아낸다는 거죠?"

"음, 대충 그렇다고 해두지." 제임스가 대답했다.

해산물 파티와 혼돈

1979년 7월 23일, 인류 문명의 남은 수명을 심사하기 위해 줄 차니가 소집한 일군의 과학자들이 여행 가방을 짊어지고 각자의 부인과 아이들을 대동한 채 코드곶 남서쪽 우즈홀의 3층짜리 맨션으로 속속 모였다. 이들이 하게 될 일은 고든 맥도널드의 기후재앙 예언을 백악관이 심각하게 검토해야 하는지를 심사하고 이를 뒷받침할 과학적 근거를 찾는 것이었다. 제이슨 팀은 지구의 평균기온이 21세기 중반까지 섭씨 2도 또는 3도 상승할 것으로 내다보았는데 앞서 로저 레벨이 그랬듯, 불확실성을 강조하는 데서 그쳤다. 줄 차니는 자신의 과학 팀에 (상냥하고 세련되고 사교적인 태도로)

그 불확실성을 정량화해달라고 부탁했다. 여기에는 한 치의 오차도 허용될 수 없었다. 그 결과치가 대통령에게 곧바로 보고될 것이기 때문이었다. 하지만 일단은, 해산물 파티를 시작하자고 차니가 외쳤다.

퀴셋 항구가 내려다보이는 절벽 위에 가족을 데리고 모인 과학자들은 바닷가재와 각종 조개류, 옥수수가 담긴 망을 물이 끓는 가마솥에 번갈아 넣고 삶았다. 그들은 서로 농담을 주고받기도 하고 정박해 있는 헤레쇼프Herreshoff사의 요트들 사이로 반짝이는 바다와 그 위에 비치는 석양에 감탄했다. 그날은 때 이른 더위로 기온이 섭씨 26도가 넘었지만 항구에는 소금기 머금은 차가운 바람이 시원하게 불고 있었다. 재앙의 예언 따위와는 조금도 어울리지 않는 분위기였다. 평범한 가족 동반 야유회처럼, 아이들은 비탈진 언덕에서 초록색 잔디 위를 뛰어다녔고 과학자들은 감독자인지 의뢰인인지 구분이 모호한 국무부, 에너지부, 국방부, 농무부, 환경보호국, 해양대기청National Oceanic and Atmospheric Administration, NOAA 소속의 고위급 인사들과 섞여 담소를 나누었다. 정부 인사 중에는 정작 본인도 과학자면서 당대 최고의 해양학자 헨리 스톰멜Henry Stommel과 그의 제자이며 제이슨 팀원인 카를 분취Carl Wunsch, 맨해튼 프로

젝트 출신의 세실 리스Cecil Leith, 하버드대학의 행성물리학
자 리처드 구디Richard Goody와 같은 걸출한 인물들과 함께
어울린다는 사실에 우쭐해진 사람도 많았다. 이들은 최근
30년 동안 태양, 대기, 땅, 바다의 관계에 (쉽게 말해 기후에)
내재하는 근본적인 원리를 발견한 과학계의 거인이었기 때
문이다.

　　참석자의 서열은 숙소 옆 별채에서 워크숍이 진행되
는 동안 확연히 드러났다. 과학자들이 회의장 한가운데 직
사각형 모양으로 배열된 탁자에 앉고, 그들을 감독하는 정
부 관료들은 회의장 가장자리에 빙 둘러앉아서 마치 원형
극장 관람객처럼 과학자들의 발언과 행동을 지켜보는 식
이었다. 워크숍 이틀째까지는 과학자들이 탄소순환이나
해양 순환, 복사 전달 등과 같은 기본적인 이론을 되짚어보
느라 썩 감동적인 장면은 연출되지 않았다. 사흘째 날, 차
니는 새로운 소품을 소개했다. 검은색 스피커를 장착한 전
화기였다. 차니가 다이얼을 돌리자 제임스 핸슨이 받았다.

　　차니가 핸슨을 호출한 까닭은 장차 벌어질 온난화
의 정확한 규모를 판단하려면 자신의 팀 전체가 거울 세
상의 영토에 과감히 발을 디뎌야 한다는 사실을 확실하게
인지했기 때문이었다. 차니는 일반적인 순환 모델을 이용

해서 기상 예측에 일대 변혁을 일으킨 장본인이었다. 그런 차니가 핸슨을 특정한 이유는 핸슨이 기후 모델 분야에서도 특히 이산화탄소 효과를 연구한 몇 안 되는 전문가라는 점 때문이었다. 차니의 의뢰로 핸슨이 계산한 바에 따르면, 이산화탄소의 양이 두 배가 된 미래의 지구 평균기온은 지금보다 섭씨 4도가 높다. 이는 온실효과를 처음으로 모델화한 프린스턴연구소의 기후 모델 일인자 마나베 슈쿠로Manabe Syukuro가 예측한 온도의 두 배였다. 두 예측값의 (섭씨 2도 상승이냐 4도 상승이냐의) 차이는 산호초가 좀 망가지느냐 아니면 멸종하느냐, 삼림지대가 줄어드느냐 아니면 모조리 사막으로 변하느냐였다. 한마디로 그냥 재해냐 아니면 지옥이냐의 차이였다.

별채 안에는 구름과 바다와 눈이 온난화에 미치는 영향에 중점을 둔 기후 모델을 설명하는 핸슨의 차분한 목소리가 흘렀다. 나이 많은 과학자들은 핸슨의 말을 끊고 큰 목소리로 질문을 쏟아냈다. 이들의 말이 전달이 잘 안 되면 차니가 전화기에 대고 우렁찬 목소리로 반복했다. 질문 공세는 그칠 줄 몰랐다. 젊은 수신자가 하나의 질문에 대한 대답을 마치기도 전에 또 다른 물음이 이어지기 일쑤였다. 핸슨은 차라리 다섯 시간 동안 차를 몰고 별채를 찾아가는 게 더 빠르겠다고 생각했다.

결국 차니는 온난화 예측값의 마지막 판결을 컴퓨터 모델링의 선구자이자 구름에 관해서라면 따를 자가 없던 아라카와 아키오Arakawa Akio에게 넘겼다. 우즈 홀에서의 마지막 날 밤 아라카와는 핸슨과 마나베에게서 받은 인쇄물을 더블 침대 위에 가득 펼쳐놓고 늦게까지 계산에 몰두했다. 아라카와는 두 사람의 예측값 차이가 얼음과 눈 때문이라고 결론지었다. 지상의 백색 설원들이 햇빛을 반사한다는 점이 열쇠였다. 기후가 따뜻해지면서 얼음이 더 많이 녹으면 대기를 탈출하는 복사열이 줄어들고 결과적으로 기온은 더 따뜻해질 수밖에 없었다. 동트기 직전에 아라카와가 내린 결론은, 녹아서 사라지는 해빙海氷의 영향을 마나베는 과소평가했고 핸슨은 과대평가했다는 것이었다. 최선의 해답은 두 사람의 예측값 사이에 있었다. 바꾸어 말하면 제이슨 팀의 계산이 너무 낙관적이라는 의미였다. 2035년 혹은 그즈음에 이산화탄소의 양이 두 배가 되면 지구의 평균기온은 섭씨 1.5도 아니면 4도가 상승할 터인데, 그 중간일 가능성이 가장 높을 것이다. 섭씨 3도 상승.

줄 차니의 보고서는 몇 달 뒤 〈이산화탄소와 기후: 과학적 접근Carbon Dioxide and Climate: A Scientific Assessment〉이

라는 제목으로 출간되었지만 기념회나 퍼레이드도 기자회견도 없었다. 그러나 연방 정부의 고위급 공직자와 과학계 그리고 석유와 가스 업계 관계자들, 다시 말해서 이 행성의 미래 거주 가능성에 대해 고민하기 시작한 일군의 사람들 사이에서 차니의 보고서는 곧바로 기정사실로 받아들여졌다. 그의 보고서는 이전에 존재한 모든 예측의 최종본이었고, 앞으로 있을 모든 면밀한 조사에도 살아남을 것이었다. 차니의 팀은 바다와 태양, 공기, 화석연료에 대해 알려진 모든 지식을 고려했고 이를 단 하나의 숫자로 집약했다. 섭씨 3도. 이산화탄소 두 배의 문턱은 피하려야 피할 수 없는 현실로 다가왔고, 이 세상은 머지않아 섭씨 3도만큼 더 더워질 것이다. 마지막으로 지구가 섭씨 3도 더 뜨거웠던 때는 약 300만 년 전인 플라이오세 시대였는데, 이때는 남극 대륙에 너도밤나무가 자라고 해수면은 지금보다 약 24미터 더 높았으며 북극해에 면한 캐나다 연안에서 야생마들이 질주했다.

차니의 보고서는 제임스 핸슨에게 오히려 더 해결이 시급한 의문점들을 남겨놓았다. 섭씨 3도 상승이 가져올 시나리오가 악몽 같긴 하지만, 이산화탄소 배출을 별안간 멈추지 않는 이상 섭씨 3도 상승은 시작에 불과할 터였다.

진짜 질문은 온난화 경향을 뒤집을 수 있느냐다. 행동할 시
간이 남아 있긴 할까? 차니의 보고서는 "지켜보자는 정책
은 너무 늦을 때까지 기다리겠다는 것과 다를 게 없다"고
경고했다. 화석연료 연소를 멈추기 위한 세계적인 노력은
정확히 어떻게 이루어질까? 그 노력을 이끌 힘은 누가 갖
고 있을까? 이런 질문들에 핸슨은 어떤 대답을 해야 할지
알 수 없었다. 그는 정치 문제에 완전 젬병이었다. 그래서
핸슨은 배우기로 했다.

카산드라여 진술하라

제임스 핸슨이 거울 세상을 그래프로 그리고 레이프 포머
런스가 의회에 연줄을 넣느라 분주한 동안, 철학자와 경제
학자, 사회학자로 구성된 소수의 사람들도 격렬한 논쟁을
하느라 바빴다. 이들이 벌인 논의에 가장 자주 오르내린 주
제는 인간이 야기한 문제를 인간의 해법으로 푸는 게 가능
하냐는 것이었다.

이 논쟁에 뛰어든 (소위 운명론자로 불리는) 학자들은 온
난화의 세부 사항들에 대해서는 별로 신경 쓰지 않았다. 세
부야 어찌됐건 그들에게는 최악의 시나리오가 기정사실이
었기 때문이다. 인류가 기간을 정해놓고 그 안에 화석연료

태우기를 멈출 수 있느냐 없느냐는 그들의 관심사가 아니었다. 기술적으로 파고들면 해결책이 분명히 있겠지만, 그보다 운명론자 학자들이 고민한 문제는 바로 이 존재론적 위기가 코앞에 닥쳤을 때 과연 인간이 그 위기를 막아낼 의지가 있느냐는 것이었다.

보기와 달리 그리 간단한 문제가 아니었다. 18세기 중반 처음으로 화석연료를 태워서 산업적인 규모로 에너지를 얻었을 때부터 인류 문명에는 예기치 못한 괴리가 발생하기 시작했다. 인류는 스스로 개발한 기술의 통제력을 잃었다. 세상을 움직이는 다축 방적기, 코크스 연료 용광로, 석탄 증기 엔진과 같은 새로운 발명품은 그 발명자들이 미처 예상하지 못했던 위험을 초래했고, 그 위험들은 점점 더 세상을 옥죄었다. 런던과 요크셔에서 태양을 가려버린 검은 연기는 의도하지 않은 결과들의 서막이었다. 더스트 볼은 기계화의 단기적 이점에 눈이 멀어 고대의 지혜를 무시한 결과를 단적으로 드러낸 본보기였다. 가솔린엔진 자동차의 상용화는 기술 발전이 집단 착각을 불러일으킬 수도 있다는 걸 보여주었다. 1943년에 로스앤젤레스 주민들은 짙은 매연 속을 걸어 다니면서 도시가 일본으로부터 화학 공격을 받고 있다고 믿었다. 기술의 힘이 날로 세어질

수록 위험도 강도를 높여갔다. 핵 시대가 도래하자마자 그 위험은 인간이라는 종 전체의 자멸이 버튼 하나에 달릴 지경에까지 이르렀다. 1977년 전미연구평의회National Research Council가 작성한 보고서에서 로저 레벨과 찰스 킬링은 탄소 배출도 핵과 동일한 위험을 초래할 수 있다고 주장했다. "지구 환경을 부주의하게 교란하는 인간의 능력이 자연의 섭리와 그 영향의 범위를 예측하는 우리의 능력을 이미 추월해버렸다는 사실이 최근 몇 년 사이 더욱 확실하게 드러나고 있다"고 적었다.

여기서 눈여겨봐야 할 단어는 **부주의하게**다. 원인과 결과 사이의 고리는 이미 끊어졌다. 기술이 점점 더 정교하고 복잡하게 발전할수록 우리의 행동은 점점 더 유치해졌다. 사실 일상적인 활동 대부분이 엄청난 양의 탄소를 태워야 가능하지만, 우리는 에어컨을 켜고 조명 스위치를 올리고 자동차 시동을 걸 때나 비로소 탄소를 생각한다. 그것도 마지못해 의식의 한 귀퉁이로만 말이다. 그러거나 말거나 빚은 쌓여가고 청구서는 날아올 것이다. 1977년에 에너지 연구 및 개발 관리국Energy Research and Development Administration(에너지청의 전신)의 의뢰로 작성된 또 다른 보고서는 인간의 화석연료 중독은 "견디기 어렵고", "돌이킬 수 없는" 수많은 재앙을 불러올 것이라고 경고했다. 하지만 이 보고서에서는 가장 가망 있는, 재생에너지로의 전환이라는 처방전을 설득력 없는 대책으로 치부했다. 보고서의 저자들은 "정부의 어떤 조치든 정치적 합의가 먼저 이루어져야 할 것이다"라고 결론지었다. 그리고 마치 예언처럼 다음과 같이 덧붙였다. "그런 합의를 도출하기는 쉽지 않을 것이다."

문화적 양상이 쉽게 바뀌지 않는다는 사실을 알았던 인류학자 마거릿 미드Margaret Mead는 1975년 국립환경보건연구소National Institute of Environmental Health Sciences가 개최한 지구온난화 심포지엄에 참석할 당시에 이미 탄소 문제의 심각성을 깨달았다. 그녀는 "우리 사회가 지구적 규모의 결단을 내려야 하는 시대를 맞이했다"고 적었다. 마거릿 미드가 내린 결론은 학술 문헌들에 자주 등장하는 그 흔한 경고성 문구도 하나 없었지만 냉혹하리만치 단순하고 직설적이었다. "전 세계 모든 사람이 당장 눈앞에 놓인 작은 선택들이 초래할 장기적이고 막대한 결과를 깨닫지 못하는 한, 지구라는 행성 전체가 위태로워질 수 있다."

그러나 운명론자들은 탄소 문제를 더 깊이 인지한들 정말로 우리가 그에 대해 이성적으로 행동할 수 있는지를 의심했다. 아직 발등에 떨어지지 않은 재앙의 위협이 변화를 이끌어낼 충분한 동기가 될까? 얼마나 큰 위협을 느껴야 변할까, 또 변한다면 얼마나 변할 수 있을까? 우리 아이들과 손주들의 미래를 걱정한다지만, 정확히 얼마나 걱정할까? 우리의 증손주들 더 나아가 **증손주**의 증손주들을 우리는 얼마나 걱정할까? 지금 우리가 누리는 삶의 표준을 양보할 만큼? 재생에너지원으로 일순간에 전환하는 데는 희생이 따른다. 가령 지금부터 한 세기 동안 전 세계가 식량난을 겪을 가능성 정도의 위협이면 사람들이 자진해서 자가용을 포기하고 버스로 출퇴근하려고 할까? 그 정도 위협이면 4인 가족이 건조기를 포기하고 옷걸이에 빨래를 널기에 충분할까? 식량난을 겪을 가능성이 몇 퍼센트면 행동의 동기로 충분할까? 30퍼센트? 98퍼센트? 이것은 비단 개인뿐 아니라 국가와 기업도 답해야 할 질문이다. 우리는 미래에 얼마만큼의 가치를 양도했는가?

어떤 경제학자를 잡고 물어보더라도 대답은 같을 것이다. 우리가 미래에 양도한 가치는 몹시 적다고. 인간 행동에 가치를 매기는 과학, 즉 경제학은 미래의 가격을 초특가로 매겼다. 단기적 이득은 장기적 위험 비용을 보잘것없는 것으로 만들었다. 브루킹스연구소Brookings Institution의

레스터 레이브Lester Lave는 1970년대에 기후변화를 연구하기 시작한 경제학자인데, 당시에 그는 "지금부터 25년에서 30년 뒤에 세상이 갑자기 사라진다고 해도 오늘날의 경제학자들은 개의치 않을 것이다"라고 적었다. 이 기록은 기후변화의 위협이 곧 경제적 재난임을 인식하게 만들었다. 1970년대가 끝날 무렵, 카터 대통령의 경제 자문위원으로 활동하던 예일대학의 경제학자 윌리엄 노드하우스William Nordhaus는 탄소 문제와 관련된 새로운 경제 모델을 개발하던 중에 기후 문제의 규모와 심각성을 깨닫고 소스라치게 놀랐다.

기후가 수 세기 동안 변함이 없었다는 이유로 우리 인간은 기후를 대수롭지 않게 생각했고 그 가치를 제대로 인식하지 못했다고 노드하우스는 기록했다. 하지만 안정적인 기후야말로 경제적으로 엄청난 가치를 갖고 있었다. 로저 레벨이 관찰했듯, 수조 달러가 넘는 (사회 기반 시설, 농업, 국가 안보, 도시 발전과 같은) 장기 투자는 자연계를 지배하는 기본 조건이 영속적일 것이라는 추측을 전제로 한다. 당시 국립과학아카데미의 신참 회원이었던, 그리고 세계 최초의 전업 기후변화 분석가였던 제스 오수벨Jesse Ausubel은 다음과 같은 과감한 질문을 던졌다. "과거가 더 이상 미래의 길잡이가 되지 못할 때, 당신은 무엇을 할 것인가?" 기후는 조금만 따뜻해져도 우리에게 엄청난 비용을 물릴 수 있다. 당시에도 몇몇 과학자들은 이미 그 손실 비용을 달러로 환산하고 있었다. 줄 차니의 과학 팀을 지원하던 국립대기연구센터 소속의 스티븐 슈나이더Stephen Schneider와 로버트 첸Robert Chen은 해수면이 약 5미터 상승할 경우 미국 전체 부동산의 약 6퍼센트가 위태로워질 것이라는 계산을 내놓았다. 해수면 높이와 경제의 연관성에는 한계점이 있었다. 해수면의 높이가 일단 그 한계점을 넘어서면, 침수되는 땅과 더불어 국가 경제는 송두리째 추락할 것이다. 물론 해수면 상승은 경제적 고통의 시작일 뿐이다. 해수면 상승으로 인한 농업 생산량 감소는 북쪽과 남쪽 주 간에 갈등의 골을 더 깊게 만들고 경제적 불평등을 증폭하며 국경 붕괴로까지 이어질 수 있다. 노드하우스는 조치를 미루는 것은, 언뜻 무관해 보이는 윤리적 측면에서나 경제적으로 이성적이지 못하다고 주장했다.

인간이 스스로의 행동을 개선할 수 없다면 시장이 나설 수도 있을 것이다. 노드하우스의 처방은 배출량에 세금을 부과함으로써 기후 문제의 실질 비용을 국가들이 지불하게끔 만드는 것이었다. 그의 계산에 따르면 탄소 1톤당

10달러의 세금을 부과할 수 있었다. 하지만 전 세계 모든 국가를 대상으로 탄소세를 부과하기 위해서는 세금 징수원이 필요했고, 그에 앞서 이를 약속할 국제조약이 성사되어야 할 터였다.

여기서 피할 수 없는 질문이 하나 있다. 국제적으로 긍정적인 분위기가 무르익었다면 구속력 있는 강력한 조약을 맺는 것도 가능할까? 노드하우스는 그렇게 생각하지 않았다. 국립대기연구센터의 정치학자 마이클 글란츠 Michael Glantz의 생각도 그랬다. 1979년 〈네이처 Nature〉에 발표한 글 〈CO_2를 바라보는 정치적 관점 A Political View of CO_2〉에서 글란츠는 중요한 문제에 접근할 때 정치인들은 둘 중 한 가지 방법을 택한다고 설명했다. "위기를 관리"하거나 "그럭저럭 넘어가"거나. 결정적인 조치는 늘 위기에 빠진 뒤에야 실행에 옮겨졌다. 1960년대 미국의 주요 도시에서 유독한 매연에 중독된 시민들이 급사하는 사태가 벌어지고서야 대기오염 방지법이 통과된 것이 그 좋은 본보기다. 소 잃고 외양간 고치기는 예방 조치보다 비용은 더 많이 드는 반면 효과는 훨씬 적다. 하지만 그것이 바로 우리가 사회문제를 대하는 태도였다. 미루고 미루다가 마지못해 어중간한 조치로 때우기. 대기오염의 사례에서 보듯,

우리는 점진적으로 가중되는 위험에 당연히 '그럭저럭 넘어가는' 전략을 썼다. 사회 전체가 규제 없는 에너지 생산이라는 눈앞의 이득에 눈이 멀어 장기적으로 나타날 환경적 결과를 보지 못했기 때문이다. 그 결과들이 얼마나 파괴적인지는 아무도 신경 쓰지 않고서. 이 셈법에 끼워넣은 '미래' 역시 단기적일 수밖에 없다. 선거로 뽑힌 미국의 공직자 임기는 아무리 길어봐야 6년이었기 때문이다.

설령 세계의 권력자들이 협상 테이블에 둘러앉아 조약을 성사시킨다고 한들, 그 조약에 구속력이 있을 리 만무하다고, 독일의 물리학자이자 철학자인 클라우스 마이어 아비히 Klaus Meyer-Abich는 주장했다. 모든 국가가 각자의 셈법을 갖고 있을 테니 국제적 타협안이라고 해봐야 불가불 최소한의 조치에 그칠 것이기 때문이다. 그것이 바로 최소공통분모만을 찾는 국제 외교 법칙이었고 이 법칙은 꽤 완고했다. 마이어 아비히의 운명론적 고민은 더욱더 깊어졌다. 석유파동은 화석연료 연소에 따르는 환경적, 지정학적, 경제적 위험을 이미 수면 위로 드러냈다. 석유파동이 순식간에 몰고 온 극적이고 부정적인 결과들을 겪고서도 세계가 에너지 모델을 바꿔야 한다는 합의에 이르지 못한 마당에, 그보다 더 모호하고 점진적일 게 뻔한 기후변화의 위협을 해결할 가망성은 거의 없다고 봐야 했다. 물론 핵심은 건드리지 않고 위험을 살짝 덮을 만한 조치 정도는 취하겠지만, 그 역시도 또 다른 단기적 이득이 있을 때 이야기다. 이러한 논리로 보면 탄소 배출량을 감소시킬 강제 조약은 실현 가능성이 현저히 떨어졌다. 달리 말하면, 기후변화로 인한 존재론적 위기의 문턱에서 실행 가능한 접근법은 그냥 아무것도 하지 않는 것이었다.

운명론자들은 세계기후회의와 1979년 봄에 에너지청이 주최한 이산화탄소 심포지엄 같은 주요한 모임에 참석했다. 하지만 운명론자들의 발언은 아무도 귀담아듣지 않는 듯 보였다. 모임에서 주류를 이루던 물리학자들도 그저 고개를 끄덕일 뿐 복사 전달이나 알베도 albedo 와 같은 관련 현상에 대한 학술적 논의를 재개할 기회만 노리고 있었다. 어쨌든 구름과 태양, 숲, 보이지 않는 세계에서 일어나는 그런 현상들이 그들의 전문 분야였으니까. 그리고 물리학자에게로 발언권이 넘어가자 경제학자, 철학자, 정치학자는 자기들이 주장한 강력한 경고와 함께 관심 밖으로 밀려났다.

대단히 적극적인
방어 프로그램

**1979
— 1980년**

줄 차니의 보고서가 출간된 뒤, 엑슨은 연간 60만 달러의
예산을 투입하여 자체적으로 이산화탄소 연구 프로그램을
신설하기로 결정했다. 하지만 엑슨이 이산화탄소 연구에
착수한 목적은 줄 차니와는 조금 달랐다. 엑슨의 1차 목표
는 지구가 얼마나 더워질지를 밝혀내는 것이 아니었다. 그
보다는 온난화에 대한 책임을 엑슨이 얼마나 떠맡아야 하
는지를 알고자 했다.

엑슨의 연구 프로그램 관리자 헨리 쇼Henry Shaw는 정
부가 이산화탄소 배출 제한 조치를 시행할 때를 대비하려
면 회사 차원에서 이산화탄소 문제를 빠삭하게 이해하고

있어야 한다고 확신했다. 그는 상사에게 보낸 한 메모에 자신의 주장과 함께 다음과 같이 적었다. "대단히 적극적인 방어 프로그램을 시작해야 할 필요가 있습니다. 왜냐하면 우리 기업에 영향을 줄 법안이 곧 통과될 가능성이 매우 크기 때문입니다."

엑슨이 이산화탄소 문제를 추적하기 시작한 것은 엑슨을 사명으로 채택하기 훨씬 전이었다. 1957년, 엑슨의 전신인 험블 오일Humble Oil의 과학자들은 산업혁명 이후부터 "화석연료 연소로 인해" 대기로 배출된 "이산화탄소의 양"을 분석한 보고서를 발표한 바 있다. 그 당시에도 험블 오일의 과학자들은 화석연료 연소가 대기의 이산화탄소 농도를 증가시킨다는 데에 이견이 없었다. 1950년대 말에는 전체 이산화탄소 배출량에서 석유 및 가스 산업이 차지하는 비율을 정량화하기 위한 연구가 시작되었다. 석유 관련 기업들의 조합인 미국석유협회American Petroleum Institute에서도 이와 비슷한 연구를 시도했는데, 협회의 지원으로 캘리포니아 공과대학의 지구화학자들이 1955년에 실시한 연구에서는 화석연료 연소가 대기 중 이산화탄소 농도를 약 5퍼센트까지 증가시킨다는 사실이 밝혀졌다.

경고는 계속되었다. 1957년 12월, 수소폭탄 개발

을 이끈 에드워드 텔러Edward Teller는 미국화학학회American Chemical Society 회원들에게 화석연료를 개발하면 기후변화를 야기할 수도 있다고 말했다. 미국화학학회 회원 중에는 석유 및 가스 관련 기업에 소속된 공학자들도 있었다. 텔러는 1959년 미국석유협회와 컬럼비아 경영대학원 주최로 뉴욕시에서 열린 석유산업 100주년 기념식에서도 같은 경고를 되풀이했다. 기념식에 모인 고위급 인사들에게 텔러는 "전 세계에 걸쳐 기온이 몇 도가량 상승하면 빙원氷原이 녹기 시작할 것이며 이어서 해수면 상승도 시작될 수 있다"고 말했다. 1968년에 미국석유협회가 의뢰하고 스탠퍼드 연구소Stanford Research Institute가 실행한 한 연구에서도 화석연료 연소로 인해 2000년에는 "기온 변화가 뚜렷하게" 나타날 수 있다고 결론을 내렸다. 이 연구 책임자는 정치인과 감독자, 환경 운동가 들이 지엽적이고 당장 눈에 보이는 대기오염 같은 사건에만 집중하는 동안 혹독함과 규모 면에서 훨씬 더 위협적인 재앙을 야기할 수 있는 기후 위기가 외면당하는 현실이 "모순"이라고 적었다.

몇 해 주기로 이런 일이 되풀이되었다. 기업에 속한 과학자들은 상사의 명령에 따라 이산화탄소 문제를 검토했고 그때마다 경고를 해야 할 이유를 찾아냈다. 그리고 그

때마다 조치를 취하지 않아도 될 더 좋은 핑곗거리를 찾아냈다. 미국 정부뿐만 아니라 환경 운동 조직들조차 거들떠보지 않는 문제를 기업이 굳이 들춰낼 까닭이 있을까? 1972년 국제석유위원회 National Petroleum Council가 내무부 Department of the Interior에 제출한 보고서에는 "적어도 세기가 바뀌기 전"에는 기후변화가 두드러지지 않을 수도 있다고 적혀 있다. 테드 케네디 Ted Kennedy 상원의원이 발의한 독점 금지 법안, 휘발유의 위해성 논란, 대기오염 방지법을 둘러싼 싸움, 벤젠 규제에 따른 경제적 충격으로 미국 내수 시장에서 판매되는 가스의 1갤런(약 4.5리터)당 가격이 오르는 등 이미 산업계에는 비상등이 켜져 있었다. 그런 마당에 현직에 있는 고용인들이 무사히 은퇴할 때까지 뚜렷하게 드러나지도 않을 고질적인 문제를 괜히 건드려서 긁어 부스럼 만들 이유가 있을까? 게다가 그 해결책이라는 것들이 문제 자체보다 훨씬 더 가혹하게 보이는데 말이다. 에너지 사용은 경제성장과 직결된다는 (쉽게 말해서 화석연료를 더 많이 태울수록 우리 삶은 더 풍요로워진다는) 것이 역사적으로도 뻔한 사실인데, 굳이 망칠 이유가 있느냔 말이다.

하지만 차니의 보고서는 업계의 비용 편익 계산에 변화를 불러왔다. 위기의 본질에 대해 공식적으로 여론이란 것이 형성되기 시작했다. 헨리 쇼가 엑슨의 경영진과 나눈 대화에서 강조했듯, 부주의에 대한 대가는 킬링 곡선에 비례하여 증가할 것이다.

이산화탄소 문제에 대해 매우 적극적인 방어 전략을 시작하기에 앞서 쇼는 컬럼비아대학의 해양학자이고 1965년 로저 레벨이 린든 존슨 대통령을 위해 쓴 보고서의 제2저자였던 월리스 브로커 Wallace Broecker 에게 조언을 구했다. 1977년에 열린 미국지구물리학회 American Geophysical Union 에서 브로커는 화석연료 연소는 세금을 징수하든 규제를 해서든 반드시 제한되어야 할 것이라고 주장했다. 그 후에도 브로커는 의회에 출석하여 이산화탄소가 "장기적 환경문제에서 1순위"임을 증언한 바 있었다. 나쁜 소식을 전하는데도 브로커가 대통령과 상원의원들에게 신임을 받는다면, 엑슨에서도 브로커의 말이 먹힐 것이라고 쇼는 판단했다.

브로커는 엑슨의 새로운 프로그램을 도와달라는 쇼의 첫 제안을 대수롭지 않게 여겼다. 프랑스 와인에 함유된 탄소 농도를 생산 연도별로 측정하여 시간에 따른 대기 중 이산화탄소 농도의 증가 추이를 확인하는 계획이었다. 브로커는 타로 타카하시 Taro Takahashi 라는 동료와 합동으로 엑슨의 초대형 유조선 에소 애틀랜틱 Esso Atlantic 에 승선하여 대양이 이산화탄소를 얼마나 흡수했다가 다시 대기 중으로 배출하는지 확인하는 야심 찬 실험을 해보기로 했다. 그런데 그들이 추출한 데이터는 엉망이었고 결국 프로그램은 폐기되었다.

쇼에게는 시간이 별로 없었다. 엑슨의 한 동료가 사내에 돌린 메모에는 "에너지 관련 전략들의 변화와 관련하여 힘든 결정을 내릴 수밖에 없는 시점이 되기까지" 인류에게는 5년, 길어야 10년밖에 남지 않았다는 경고가 적혀 있었다. 하지만 쇼가 예상하듯 의회는 그보다 훨씬 빠르게 조치를 취할 준비가 된 것 같았다. 1980년 4월 3일, 매사추세츠 민주당 상원의원 폴 총가스 Paul Tsongas 가 처음으로 대기 중에 쌓이는 이산화탄소를 심판대에 올린 청문회를 열었다. 이 청문회에서 고든 맥도널드는 유엔에 속한 모든 국가의 에너지 정책이 이산화탄소 문제 해결에 초점을 맞출 수 있도록 대책을 강구하고 개발하는 데 미국이 "첫 삽"을 떠야 한다고 증언했다. 같은 해 7월 카터 대통령은 에너지 안보법 1980 Energy Security Act of 1980 에 서명했다. 이 법안을 바탕으로 국립과학아카데미는 기후변화가 사회 및 경제에 미치는 결과를 면밀하게 분석하기 위해 다년간의 광범위한 연구에 착수했고 보고서 〈변화하는 기후Changing Climate〉의 세부를 다듬기 시작했다. 의회의 요청을 받은 국립대기환경위원회National Commission on Air Quality도 발 빠르게 움직여 헨리 쇼를 포함한 20여 명의 전문가들을 플로리다로 초청하여 기후 관련 법안 개발을 위한 회의를 개최했다.

　　탄소 배출을 제한하려는 연방 정부 차원의 법령이 당장에라도 선포될 듯한 분위기였다. 줄 차니의 보고서는 문제의 본질을, 그리고 엑슨이 그 문제의 발생에 일조했음을 확실하게 진단했다. 이제 엑슨은 해결책을 찾는 일을 거들어야 할 타이밍이었다. 헨리 쇼는 플로리다로 날아갔다.

길 위의 호랑이

1980년 10월

핼러윈을 이틀 앞두고 레이프 포머런스는 다공질의 석회 암으로 이루어진 좁은 곶에 멕시코만을 바라보며 서 있는 솜사탕 궁전으로 날아갔다. 일명 분홍 궁전으로 알려진 호 텔 돈 세자르는 해수면보다 불과 1.5미터 높은 곳에 지어 졌다. 바닐라 크림을 듬뿍 얹은 듯한 하얀색 돔 탑이 솟아 있고 풍선껌을 붙여놓은 것처럼 벽토를 바른 보들이 탑과 탑을 연결해서 그야말로 어린이들이 꿈에 그리는 생일 케 이크 궁전과 흡사했다. 선코스트에서 약 5킬로미터 거리 에 있는 돈 세자르는 꽃이 한창인 옻나무와 감람과[科] 나무 들로 둘러싸여 있었다. 만조 때는, 바텐더가 핑크 레이디를 만드는 부에나비스타 바 입구에서 50~60미터 앞까지도 파도가 밀려들곤 했다. 고질적인 망각의 습관과 동화에 대한 강력한 유아적 환상이 어우러진 이 분홍 궁전은 이제부터 40년에 걸쳐 조금씩 절망이 가중되면서 여러 버전으로 진지하게 재공연될 회담의 첫 리허설 장소로 더없이 안성맞춤이었다.

석탄 보고서를 읽은 때로부터 1년 반 동안 포머런스는 수많은 모임을 찾아다니면서 지구온난화의 과학에 대해 입이 닳도록 설명했다. 그러나 지금껏 어느 누구도 포머런스가 걱정하는 단 한 가지 주제, 그러니까 온난화를 어떻게 **막느냐**는 문제에 관심을 보이지 않았다. 전화위복은 우연히 찾아왔다. 대기오염 방지법이 전개되는 동안 포머런스는 법안이 의도한 목적들이 실현되는지 감시하는 국립대기환경위원회 설립에 온 신경을 쏟고 있었다. 물론 지구의 안정적인 기후도 위원회의 목적 중 하나였다. 차니 보고서는 바로 그 목표가 달성되지 못하고 있는 현실을 보여주었고, 위원회는 법률 제정에 필요한 방안들을 듣기 원했다. 막중한 책임이 따르는 일이었다. 이제 분홍 궁전에 모인 정계의 대표, 심오한 사색가, 업계 과학자, 환경 운동가로 구성된 스물네댓 명의 전문가들은 사흘 안에 그 방안을 내놓아야 했다. 동화 속 궁전 같은 이 무대에서라면 모든 게 가능해 보였다. 길고 너른 창밖으로 눈부신 해변이 내려다보이는 회의실은 정책을 위한 회의보다 사교계 데뷔 댄스 무대로 더 잘 어울릴 듯했다. 가루 설탕처럼 새하얗게 빛나는 모래 위로 게으른 파도가 밀려오고, 때 이른 더위로 공기는 나른했다. 회의실에 모인 사람들의 드레스 코드는 쿠바풍의 편한 셔츠에 선글라스 차림이었다. 양복을 빼입은 사람이 민망할 정도였다.

"오늘 논의할 이 문제에서 저는 상당한 기득권을 갖고 있습니다." 플로리다주 공화당 당원이자 주 대표로 참석한 톰 맥퍼슨Tom McPherson이 참석자들에게 자신을 소개하며 발언했다. "이유를 설명하자면, 제가 해안에서 내륙쪽으로 약 24킬로미터에 이르는 부동산을 소유했고, 해변을 전망할 수 있는 이 지역의 시세가 오르는 중이기 때문입니다."

사실 이 회의실에는 정해진 공식 의제가 없었다. 환경보호국에서 나온 토머스 졸링Thomas Jorling이라는 젊은이가 회의를 진행하고 참석자들이 앉은 자리마다 인쇄물이 몇 부씩 비치돼 있을 뿐이었다. 차니 보고서도 그 가운데 하나였다. 졸링도 참석자들의 임무가 모호하다는 사실을 알고 있었다.

"우리는 어느 구석에 산이 있는지도 모른 채 눈 감고 비행하는 셈입니다." 하지만 위험하다는 사실만은 분명하다고, 따라서 방안을 제시하지 못한다는 것은 현재의 방안을 (즉, 방안이 전혀 없는 현실을) 승인하는 바나 마찬가지라고 졸링은 설명했다. "이 답답한 분위기를 바꿔보실 분 안 계신가요?" 졸링의 말은 분위기를 더 썰렁하게 만들었다.

"정서적인 문제로 시작해야 할지도 모릅니다." 국립 기후프로그램 National Climate Program 소속의 경제학자 토머스 왈츠 Thomas Waltz 가 제안했다. "우리가 관심을 기울이느냐? 이것이야말로 우리를 인간답게 만들어주는 기본적인 문제입니다."

왈츠의 발언에 장내가 실망과 당황스러움으로 술렁였다.

"관심을 갖느냐 마느냐에,"라는 말로 운을 띄운 사람은 헨리 쇼와 석유 및 가스 관련 기업의 과학자들에게 기후 문제에 대해 브리핑을 한 적 있는 스탠퍼드대학의 공학자 존 라우어만 John Laurmann 이었다. "중요한 것은 시기입니다." 바꾸어 말하면, 정서적 문제가 아니라 경제적 문제를 먼저 짚어야 한다는 뜻이었다. 우리가 생각하는 미래의 가치는 얼마인가?

심각한 기술 위기에 대한 문명의 대처 방법을 연구한 바 있는 MIT의 핵공학자 데이비드 로즈David Rose는 우리가 생각하는 것보다 시간이 별로 없다고 했다. 그는 이어서 말했다. "사람들은 11시 59분까지 문제가 곪아 터지도록 내버려 두었다가 그제야 이렇게 외칩니다. '**엘리, 엘리, 라마 사박다니** Eloi, Eloi, lama sabachthani(나의 하나님, 나의 하나님, 어찌하여 나를 버리시나이까?)'."

포머런스는 무척 고무적인 시작이라고 생각했다. 시급하게 여기고 세부적인 면도 거론하면서 통찰력까지 더한 출발이라고. 이 사람들을 한자리에 모이게 하는 데 왜 이다지도 오래 걸렸단 말인가?

차니 보고서에 편집자로 참여한 바 있는 기상학자 존 페리John Perry는 옛날 남학생들이 쓰곤 했던 꾀를 내보자고 제안했다. 즉, 문제를 거꾸로 풀자는 것이다. "우리가 어떠한 방법을 통해서 다음 세기 초반, 어느 때쯤까지 대기 중 이산화탄소 농도를 그럭저럭 잘 조절했다고 가정해봅시다." 그가 말했다. "그때 어떻게 그 일이 가능했느냐는 질문을 던지면 어떤 대답이 나올까요?"

대기 중 이산화탄소 농도를 안전한 수준으로 유지하

기 위해서는 국제조약이 반드시 필요하다는 점에는 거의
모두가 동의했다. 하지만 안전한 수준이라는 게 어느 정도
인지에 대해서는 쉽게 합의점을 찾지 못했다. 게다가 에너
지 사용을 제한하는 정책은 무엇이 됐든 분란을 일으킬 게
뻔했다.

"우리가 태울 수 있는 것들을 바꾸는 일, 다시 말해
연료를 얻는 방식의 변화는 사회에 엄청난 불안을 몰고 올
수 있습니다." 환경보호국의 존 호프먼John Hoffman도 비슷
한 의견을 내놓았다.

그리고 미국이 행동에 나선다고 얼마나 효과가 있
을까? 해양대기청 소속의 과학자 윌리엄 엘리엇William
Elliott이 몇 가지 불편한 사실들을 거론했다. 미국이 1년 동
안 전국적으로 탄소 연소를 중단하더라도 대기 중 이산화
탄소 농도가 두 배가 되는 문턱은 고작 5년 뒤로 미뤄질 뿐
이라는 점. 서구 세계 전체가 어떻게 해서든 이산화탄소 배
출량을 안정적인 수준으로 유지한다고 해도 그 불가피한
문턱에 도달하기까지 8년 정도의 시간밖에 벌 수 없다는
점. 최악의 상황을 피하는 유일한 방법은 석탄을 아예 태우
지 않는 것인데, 당시 세계 최대 석탄 생산국인 중국, 소련,
미국은 채굴에 경쟁적으로 열을 올리고 있었다.

"우리에게 문제가 있습니까?" 백악관 과학자문위원회의 공화당 대표로 참석한 앤서니 스코빌Anthony Scoville이 질문을 던지고 말을 이었다. "예, 맞습니다. 문제가 있습니다. 하지만 그것은 대기의 문제가 아닙니다. 타성에 젖은 경제와 정치 시스템이 행동을 결정하기까지 시간이 얼마나 걸리느냐는 정치적인 문제입니다." 스코빌은 과학자 한 명이 정치인들을 행동하게끔 설득할 수 있다고는 생각하지 않았다. 전반적인 모양새도 이상했다. 지금까지 과학의 힘만으로 법안을 통과시킨 적이 있기나 한가?

어느 때부터인지 포머런스의 시선은 드문드문 휴양객들이 널브러져 쉬고 있는 파도치는 해변을 향해 있었다. 화려한 이 분홍색 호텔 밖에 있는 미국인들 중에 이 행성이 머지않아 본래의 모습을 잃어버리리라는 사실을 아는 이가 얼마나 될까?

스코빌의 발언은 계속됐다. 우리가 그것을 문제로 인식하는 것이 문제가 아닐까? 차라리 경기 침체, 사우디아라비아의 석유파동, 대기와 수질 오염 같은 문제들에 대한 해결책으로 생각하면 어떨까? 설령 석탄 및 석유 관련 기업들이 망한다고 해도 태양열과 같은 새로운 에너지 기술이 발전할 테고, 그렇게 되면 오히려 경제 전반이 더욱 건

실해질지 모른다. 이런 와중에 카터 대통령은 합성 연료 개발에 800억 달러를 투자할 계획을 갖고 있다. "자그마치 800억 달러를 말입니다. 그 돈이면 합성 연료 따위는 필요도 없게 해줄 태양광발전 산업을 추진할 수 있습니다!"

석유 생산을 중단하자는 발언에 엑슨을 대표해 회담에 참석한 한 신사의 마음이 처음으로 심란해졌다. "과도기가 있다고 생각합니다." 헨리 쇼가 말했다. "우리는 화석연료 연소를 멈추지 않고도 태양열이나 핵융합을 비롯한 신에너지 개발에 착수할 것입니다. 화석연료에서 재생에너지원으로 지극히 순차적인 전환을 도모할 계획입니다."

"지금 우리는 국가적으로 중요한 쟁점들을 이야기하고 있는 겁니다." 경제학자 토머스 왈츠가 끼어들었다. "이 문제부터 충분히 숙고하고 넘어가는 게 좋겠습니다."

하지만 일단, 점심부터 먹고 갑시다. 섭씨 26도가 넘는 따사롭고 화창한 날이었고, 회의 참석자들은 플로리다의 태양을 만끽하려면 적어도 세 시간 이상 휴식을 갖는 게 옳다고 입을 모았다. 포머런스는 불안하고 초조하여 도저히 그럴 수 없었다. 회의가 올바른 방향으로 진행되기만 하면 기꺼이 다른 사람들이 회의를 이끌어가도록 하려고, 앞에 나서고 싶은 마음은 꾹 참았다. 하지만 고매한 사람들이 나누는 대화는 무책임과 우유부단함의 늪에 빠지고 있었다. 이 주제와 관련해서 그동안 가져왔던 대부분의 모임들에서처럼, 그는 이번에도 자신은 전문 학위가 없는 단순한 참석자일 뿐이라고 생각했다. 하지만 이 회의실에 모인 소위 정치 전문가들 중에 뛰어난 분별력을 갖고 있는 사람은 없는 듯했다. 논제가 무엇인지는 이해했지만 그 논제를 심각한 문제로 인식하는 것 같지는 않았다. 그들은 냉정했고 (실용적인 해결책이 없는 문제에 기가 죽은 실용주의자들처럼) 무심했다. "절대적으로 신중해야 합니다." 졸링이 말했다. 하지만 그가 말한 신중함은 결국 자포자기를 의미했다.

점심 식사가 끝난 뒤 졸링은 회의에 집중하려고 애썼다. 행동하기 위해서 무엇을 알아야만 할까?

에너지부가 2억 달러 예산으로 신설한 이산화탄소 효과 관리청의 청장 데이비드 슬레이드David Slade가 이 회담장에서는 이산화탄소 문제를 가장 진지하게 고민한 사람인지도 모른다. 그는 어쩌면 자신들의 생애가 끝나기 전 어느 시점에 온난화가 현실화될 것이라고 말했다. "그리고 그때가 되면," 포머런스가 고함치듯 말을 이었다. "어떤 행동을 하든 너무 늦습니다."

그러나 당장 무슨 행동을 해야 하는지에 대해서는 여

전히 합의점을 찾지 못했다. 화석연료 연소를 저지하고 재생에너지 개발을 장려하자는 말이 오갔다. 앤서니 스코빌은 법안이나 조약을 제안하는 것으로 이산화탄소 문제의 정치화가 일단락될까 봐 불안했다. 존 페리는 일단 구속력이 없으면 "못 견디게 따분한" 정책으로 보일 수 있다는 걸 알았지만, 그럼에도 미국 에너지 정책에 지구온난화의 위험을 "고려할" 것을 요청하자고 주장했다.

"그 정도로는 너무 부족합니다." 포머런스의 입에서 한숨이 새어 나왔다. "단언컨대 이도저도 아닌 게 될 겁니다." 실망이 극에 달하자 지금까지 예의를 지키기 위해 간신히 유지했던 포머런스의 과묵함도 깨지고 말았다.

회담장의 불안한 분위기를 읽은 졸링은 자신의 입장을 바꾸어, 특정한 정책을 제안하지 않는 행동을 '신중'하다고 여길 수도 있지 않을까 생각했다. "우리 스스로 그 짐을 짊어지지 맙시다." 그는 이어서 "다른 사람들에게 넘기는 게 어떻습니까?"라고 말했다.

포머런스는 졸링에게 재고할 것을 간청했다. 우리는 애초에 쉽고 만만한 방안들을 찾기 위해 여기 모인 것이 아니다. 그런데 왜 이렇게 회의를 접으려고 하는가? 왜 아무도 새로운 에너지 정책 하나 제안하지 않는가? "문제를 해결할 만한 행동은 전혀 거론되지 않았습니다." 포머런스가 말했다. "이건 **이래서** 안 되고 저건 **저래서** 안 된다고 계속 딴지만 걸면 안 됩니다. 그러면 도대체 우리가 무엇을 할 수 있겠습니까?"

앤서니 스코빌은 미국이 이산화탄소 최대 배출 국가로서의 책임이 있다고 지적했다. 하지만 그의 지적은 금세 힘을 잃었다. "우리가 리더십을 발휘한다면, 지금이 바로 그 기회입니다." 스코빌은 대기오염 방지법의 테두리 안에서 이산화탄소를 하나의 오염 물질로 분류하고 그에 따라 규제하는 것도 한 가지 방법이 될 수 있다고 주장했다. 회의실이 불평과 한숨으로 술렁였다. 스코빌의 논리대로라면 우리가 내쉬는 한숨이나 깔깔대는 웃음도 대기를 오염시키는 행동으로 간주해야 할 테니 말이다. 과연 현재의 과학 기술이 그런 것까지 정밀하게 측정할 수 있을까?

할 수 있다고, 차니 보고서가 **바로** 그것을 측정한 증거라고 포머런스가 말했다. 이제 그는 참을성도 바닥나고 예의 따위도 거추장스럽게 느껴지기 시작했다. "인간이 존재한 이래로 지금까지 올라간 기온보다 이 세상이 훨씬 더 뜨거워질 때까지 세상 모든 사람들이 뒷짐 지고 지켜보겠다면, 뭐, 좋습니다. 하지만 전 최소한 그렇게 되지 않도록 노력이라도 해봐야 한다고 생각합니다."

회의실에 있는 사람 대다수가 기꺼이 뒷짐 지고 있으려는 듯 보였다. 이번 회의도 포머런스가 지금까지 의회에서 수없이 겪었던 모임과 모양새가 비슷해지고 있었다. 정계 쪽 사람들은 문제의 심각성에 대해 확신이 없었기 때문에 정작 다뤄야 할 문제보다 (기온이 섭씨 3도가 올라갈지 4도가 올라갈지, 50년이 걸릴지 75년이 걸릴지) 숫자를 놓고 갈팡질팡했다. 고든 맥도널드가 말했듯, 대기 중 이산화탄소는 기온을 상승시킬 것이 분명하다. 문제는 그때가 언제냐는 것이다. 온실가스 배출 시점부터 그로 인해 온난화가 가시화되는 시점 사이에는 수십 년의 시간 차가 생길 수도 있다. 그때가 되면 마치 따뜻한 밤에 두꺼운 담요를 한 장 더 덮는 것과 같을 거다. 해보면 알겠지만 몇 분도 채 안 되어 땀이 날 게 뻔하다.

그러나 에너지부의 이산화탄소 프로그램 감독자였던 슬레이드는 바로 그 시간 차를 구세주로 여기는 듯했다. 당장 10년 또는 20년 안에 기온이 변하는 게 아니라면, 이 회의실에 모인 우리가 굳이 온난화를 막지 못한 책임을 떠안지 않아도 된다는 것이 그의 주장이었다. 그렇다면 이제 뭐가 문제인가?

포머런스는 더 이상 가만히 듣고 있을 수가 없었다.

"**여러분**이 바로 문제죠." 포머런스가 입을 열었다. 원인과 결과 사이의 시간 차만 믿고 늑장을 부리면서 인류가 온난화의 확실한 증거를 찾았을 때는 이미 너무 늦어 손쓸 수 없는 지경이 되어버릴 가능성이 크다. 그 시간 차 때문에 결국 인류는 파멸할 것이다. "미국은 세계로부터 신뢰를 얻기 위해서라도 뭔가를 하지 않으면 안 됩니다."

"그러면 그건 윤리적인 태도로군요." 꼬투리를 잡았다는 듯이 데이비드 슬레이드가 받아쳤다.

"어떤 식으로 부르든지," 포머런스는 말을 이었다. 미국이 당장 내일부터 석탄을 금지할 필요는 없다. 미국이 이 문제를 진지하게 인식하고 있다는 사실을 증명할 정도의 몇 가지 적절한 조치, 가령 탄소세를 부과하거나 재생에너지 개발에 투자를 확대하는 등의 조치들을 취할 수도 있을 것이다. 그 뒤에 미국은 기후변화와 관련하여 국제 회담을 조직할 수도 있을 것이다. 포머런스가 회담장에 모인 사람들에게 간청하듯 던진 최종 변론이었다. 그다음 날에는 정책 방안들의 초안을 완성해야 할 터였다.

그러나 핼러윈 날 아침 식사를 마치고 회담장에 모이자마자 그들이 한 일은 기후변화가 "일어날 가능성이 있다"는 사실을 공표하는 서문의 한 문장을 놓고 옥신각신하는 것이었다.

"일어날 것이다"로 못 박자고 스탠퍼드대학의 공학자 존 라우어만이 말했다.

"일어날 가능성이 매우 높다고 적는 게 어떨까요?" 앤서니 스코빌이었다.

"거의 확실한"이라는 문구를 넣자고 핵공학자 데이비드 로즈가 말했다.

"거의 확실하게"로 해야 한다고 라우어만이 말했다.

"일어날 것이다로 쓸 수도 있겠군요. 그리고 변화를 수치로 나타내는 것도 고려해볼 수 있습니다." 누군가 말했다.

"변화의 정량화로 시작했을 때는 성명서를 완성할 수 없습니다." 라우어만이 말했다.

"막연한 변화들."

"아직까지 본질이 확실하게 밝혀지지 않은 변화들."

"일어날 가능성이 매우 또는 대단히 높다"고 써야 한다고 포머런스가 말했다.

"거의 확실하게 일어날 것이다"는 어떠하냐고 누군가 물었다.

"그것으로는 부족합니다." 포머런스는 단호했다.

"저도 한 말씀 드리고 싶습니다." 국립대기환경위원회 좌석에 앉아 있던 공중보건 학자 앤머리 크로세티Annemarie Crocetti였다. 회담 기간 내내 거의 말이 없던 사람이었다. "회담 내내 빈번하게 깨달은 사실은, 우리가 과학자로서 신중한 태도로 견해를 밝히면 대부분의 사람들이 그 요점을 제대로 파악하지 못한다는 겁니다. 우리의 능력을 이해하지 못해서가 아닐까 생각합니다."

"비과학자로서 한 말씀 드린다면," 플로리다 주 대표 톰 맥퍼슨이 말을 이었다. "그에 전적으로 동의합니다."

"1807년에 스위스에는 겨울이 없었습니다." 존 페리가 말했다.

몇몇 참석자들이 어리둥절한 표정으로 서로를 바라보았다.

"겨울 내내 꽃이 피었다고 합니다. 방금 읽은 책에 그렇게 쓰여 있더군요. 따라서 과학자 몇 명이 자리에 앉아서 우리 모두가 튀겨질 것이라고 하는 말만 듣고 세상을 감화시킬 명쾌한 성명서를 작성하기는 대단히 곤란합니다. 이 자리에 있는 한 사람으로서 저는 몇몇 표현이 매우 불편합니다." 존 페리가 말했다.

"중요한 것은, 결정을 내리고 그대로 행동할 수 있도

록 세상을 독려할 강력한 추진력이 있어야 한다는 겁니다."
스코빌이 말했다.

하지만 과학적인 이해 수준도 비슷하고 의회에 헌신
적이었던 스물네댓 명의 전문가들은 한 문단도 제대로 초
안을 잡을 수 없었다. 지지부진한 협상안, 자멸적인 제안,
충동적인 발언이 중구난방으로 오가는 동안 애꿎은 시간
만 흘렀다. 포머런스와 스코빌은 "민첩하게 국제적 대화를
촉구할 것"을 미국에 요청하는 문장을 넣어야 한다고 주장
했지만 그마저도 반대와 절차상 경고로 무산되고 말았다.

"상당히 감정적인 상황이네요." 크로세티는 실망감에
풀이 잔뜩 죽은 듯했다. "우리가 요구한 것은 서로 다른 분
야의 사람들이 한자리에 모여 모두가 동의한 사항이 무엇
인지 그리고 문제점이 무엇인지 알려달라는 겁니다. 그런
데 모호한 말씀들만 하시는군요."

크로세티의 발언을 중간에 끊은 사람은 경제학자 토
머스 왈츠였다. 그는 간단하게 기후변화가 심각한 결과들
을 초래할 수 있다는 내용을 넣자고 주장했다. "제 발언은
여기까지입니다. 이 발언의 의미를 세세하게 설명하고 싶
지도 않습니다." 왈츠는 이어서 말했다. "하지만 심각한 것
만은 분명합니다."

크로세티는 왈츠의 말이 끝나기를 기다렸다가 차분한 목소리로 말했다. "제가 요청하는 바는, '각계의 전문가들이 논의한 결과, 맹세코 그들 모두가 이러한 견해를 지지하며 매우 중요하게 여긴다. 이런저런 세부에 대해서는 의견 차이도 있지만 이 시점에 개입하여 예방적 시도를 해야 할 의무가 있다고 생각한다'는 내용이 들어가야 한다는 겁니다."

그들은 정치적 방안을 내놓기는 고사하고 두 번째 문단으로 넘어가지도 못했다. 마지막 발언은 회담을 중재한 사회자가 기록했는데, 그의 표현은 이번 회담 초반에 공표했던 선언이 무색할 만큼 맥 빠졌다. "기존 정책에 변화를 권장하지 **않을** 만큼 이 문제를 충분히 숙지했는지 여부를 지표로 삼을 것을 제안합니다."

하지만 그 시간 레이프 포머런스는 이미 워싱턴을 향해 떠나고 있었다. 더 이상 볼 것도 없었다. 미국의 리더십이 없는 상태에서는 합의를 바탕으로 한 전략이라도 제대로 실행되리라는 기대를 할 수 없었고, 실행될 수도 없었다. 게다가 미국 역시 설득력 있는 강력한 지도자가 나서지 않는 한 행동을 취할 리 만무했다. 과학적 권위가 있고 권력자들에게 행동을 요구할 수 있으며 어떤 위험을 감수하고라도 정의를 추구할 수 있는 인물, 한마디로 영웅이 필요했다. 포머런스는 자신이 그 영웅이 아니라는 사실을 잘 알고 있었다. 그는 조직가였고 전략가였으며 낙관론자이고 심지어 낭만적이기까지 한 해결사였다. 그가 할 일은 조직적인 운동을 일으키는 것이었다. 모든 운동에는, 광범위한 합의가 뒷받침된 운동이라 할지라도 반드시 영웅이 필요하다. 포머런스는 바로 그 영웅을 찾아야 했다.

가장 부자연스러운
급류

회의는 금요일 오전에 끝났다. 그로부터 나흘 뒤인 화요일, 로널드 레이건이 대통령으로 당선되었다. 그리고 레이프 포머런스는 '시작'인 줄 알았던 것이 실제로는 '끝'이었던 것은 아닐지 불안해졌다.

취임 몇 달 만에 레이건은 에너지부를 폐지할 것과 연방 영토 내의 석탄 생산량을 늘리고 노천 석탄 광산에 대한 규제를 철폐할 계획을 내놓았다. 또한 국가의 공공 토지에 대한 채굴과 시추를 허용하는 법안을 통과시키는 데 힘썼던 법률 회사의 대표 제임스 와트James Watt를 내무부 장관에 임명했다. 미국석탄협회 회장은 "이루 말할 수 없이 기쁘다"고 노골적으로 속내를 드러냈다. 환경보호국 폐지를 놓고 몇 차례 논의를 거치면서 한발 물러선 레이건이 내놓은 차선책은 앤 고서치Anne Gorsuch를 환경보호국 국장으로 임명하는 것이었다. 그녀는 환경보호국 직원을 대대적으로 감축하고 예산을 4분의 1로 삭감하는 등 전형적이고 열정적인 반규제주의적 행보를 시작했다. 이처럼 살벌한 해고와 삭감이 진행되는 가운데 환경위원회는 화석연료가 지구의 대기를 "영구적이고도 파괴적으로" 바꿔놓을 수 있으며 그로 인해 "지구온난화가 매우 심각해질 수 있다"는 경고를 담은 보고서를 대통령에게 제출했다. 정부가 나서서 국가 에너지 정책에 온실가스 효과를 최우선순위로 놓고 지구 대기 중의 이산화탄소 농도에 최대치를 규정해야 한다고 촉구했다. 레이건은 위원회의 조언에 따라 행동하지 않기로 결정했다. 대신 그는 위원회의 해산을 고려했다.

플로리다의 분홍 궁전 회의에서 앤서니 스코빌은 대기의 문제가 아니라 정치적 문제라고 말한 바 있었다. 그의 말은 절반만 옳았다고 포머런스는 생각했다. 모든 정치적 문제들의 이면에는 언론의 문제가 숨어 있기 때문이다. 기후 위기는 언론에서 악몽 그 자체였다. 플로리다 회의는 법안을 제기하기는커녕 일관된 성명서를 작성하지도 못했다.

모든 것이 퇴보하고 있었다. 심지어 포머런스조차 기후변화 문제에 시간을 쏟을 형편이 못 되었다. 지구의 벗 활동이 전에 없이 바빠졌기 때문이다. 제임스 와트와 앤 고서치의 임명 철회 운동을 필두로 지구의 벗은 보호 구역의 채굴을 금지하고 대기오염 물질에 대해 대기오염 방지법의 기준을 준수할 것과 재생에너지 개발 재원을 지키기 위한 운동에 필사적으로 매달렸다(태양에너지 연구 부서를 이끌었던 관리는 사임 요청을 받은 뒤, 레이건이 "태양에너지와 전면전을 선언했다"고 말했다). 환경과 관련해서 지미 카터가 이룬 업적을 깡그리 뭉개버리는 것으로 모자라 레이건은 리처드 닉슨과 린든 존슨, 존 F. 케네디가 이룬 일마저 무효로 만들어버릴 작정인 듯했다. 할 수만 있다면 시어도어 루스벨트Theodore Roosevelt가 한 일까지도 없애버릴 기세였다.

레이건의 맹렬한 공격은 그가 속한 공화당의 일부 의원들조차 혀를 내두르게 만들었다. 버몬트주 공화당 상원의원인 로버트 스태퍼드는 인준 청문회장에서 이례적으로 고서치 후보자에게 환경보호국 국장은 국가의 공기와 물을 수호하는 도덕적 의무가 있다고 훈계하기도 했다. 캘리포니아 근해에서 석유 시추를 허용하겠다는 와트의 계획역시 해당 주의 공화당 상원의원의 비난을 샀고, 과학 고문이라는 직책을 없애자는 레이건의 제안은 선거운동 기간에 레이건을 도왔던 과학기술위원회로부터 노골적인 조롱을 받았다. 레이건이 환경위원회를 해체하겠다고 위협하자 당시 위원회의 위원장 대리였던 맬컴 포브스 볼드윈은 부통령과 대통령 수석 보좌관에게 서신을 보내 대통령의 결정을 재고할 것을 간청했다. 그리고 그 주에 '보수주의자의 환경보호 프로그램'이라는 주제로 열린 위원회의 기조연설에서 그는 "지금은 보수주의가 환경보호주의를 적극적으로 포용해야 할 때"라고 주장했다. 볼드윈의 주장은 단순히 의미만 좋은 게 아니라 그 자체로 훌륭한 사업이었다. 에너지 자원의 효율적인 사용으로 연방 보조금까지 아낄 수 있으니 이보다 더 보수적인 정책이 또 있을까?

한편 차니 보고서는 환경에 대한 대중의 의식의 말초신경을 계속 건드리고 있었다. 차니 보고서의 결론들은 애스펀연구소Aspen Institute, 미국과학진흥협회American Association for the Advancement of Science, AAAS 뿐 아니라 오스트리아 빈 인근의 국제응용시스템분석연구소International Institute for Applied Systems Analysis에서 실시한 주요한 연구에서도 사실임이 입증되었다. 묵시록적 기후 예언이 거의 매달 국제 뉴스의 머리기사로 등장했다. "'온실효과'의 또 다른 경고", "'인간의 행동에 숨겨진' 지구온난화 트렌드", "온난화, 국가 간 갈등의 시발점이 되나" 등이 표제였다. 〈피플People〉은 고든 맥도널드의 사진을 실었는데, 의회 계단에서 머리 위로 손을 치켜올려 극지방의 빙원이 녹아 해수면이 상승할 경우 잠기는 수준을 가리키고 있는 장면이었다. "고든 맥도널드가 틀리다면 세상은 그를 킬킬 비웃을 것이다." 그리고 이어서 "하지만 그가 옳다면, 세상은 꼬르륵꼬르륵 잠길 것이다"라고 기사를 맺었다.

포머런스는 이런 기사들이 헤드라인을 고수하려면 헤드라인급의 이벤트가 있어야 한다는 것을 알았다. 연구도 좋고 강연도 좋지만, 할 수만 있다면 기자회견이 더 좋다. 하지만 누가 뭐래도 최고는 의회 청문회였다. 엄숙한 의식을 거행하는 분위기에 연극적인 장치들이(연단에서 장황한 연설을 늘어놓는 의원들, 정중하게 메모를 건네는 보좌관들, 초조함에 입이 말라 물을 홀짝이는 증인들, 날카로운 시선으로 무대를 바라보는 청중이) 더해져 상대해야 할 적이 누구인지 분명히 밝혀줄 뿐 아니라 드라마틱한 긴장감과 서사를 만들어낼 테니 말이다. 하지만 의회 청문회를 열기 위해서는 대중적으로 물의를 빚은 충격적인 사건이 있거나 최소한 문제 해결에 필요한 과학적인 돌파구라도 있어야 했다. 차니의 과학 팀이 우즈 홀에서 만난 지 2년이 지났지만 돌파구로 삼을 만한 과학적 진전은 없는 것처럼 보였다.

1981년 8월 22일 자 〈뉴욕 타임스〉에 실린 한 기사에서 포머런스는 상황을 반전시킬지 모를 희망을 발견하고 전율했다. 나사의 과학자 7명이 〈사이언스〉에 발표할 논문에 관한 기사였다. 내용은 논문의 저자들이 지난 한 세기 동안 이미 지구가 더워지기 시작했다는 사실을 밝혀냈다는 것이었다. 아직은 과거의 평균기온 범위를 벗어날 만큼 뜨거워지지 않았지만, 이전에 계산했을 때보다 훨씬 더 가까운 미래에 기후의 일상적 패턴에 온난화의 신호가 나타날 거라고 예측했다. 무엇보다 이 논문의 가장 특이한 점은 정책적인 권고에도 지면을 할애했다는 것이었다. 저자들은 수십 년 안에 인류 문명은 대안 에너지원을 개발해야만 한다고, 그리고 화석연료는 "부득이한 경우"에만 사용해야 할 것이라고 주장했다. 논문의 제1저자에 오른 사람은 다름 아닌 제임스 핸슨이었다.

포머런스는 핸슨에게 만나고 싶다고 전화를 걸었다. 그는 논문의 결론을 자신이 제대로 이해했는지 확인하고 싶다고 이유를 설명했다. 하지만 포머런스가 정말 알고 싶은 것은 제임스 핸슨이라는 사람이었다.

고다드연구소에 도착한 포머런스는 초고층 빌딩들이 즐비한 도시 모형처럼 문서 더미 30여 개가 탑같이 쌓여 있는 핸슨의 사무실로 들어갔다. 허리께까지 쌓인 문서 위에는 **미량 가스, 해양, 목성, 금성** 등의 단어를 휘갈겨 쓴 골판지들이 놓여 있었다. 미니어처 도시 모형처럼 또 다른 문서가 잔뜩 포개진 책상 너머로 짙은 눈썹에 차가운 파란 눈동자의, 과묵하고 차분해 보이는 한 사람이 있었다. 핸슨의 말투는 온화하고 조용했으며, 호흡을 고르며 잠시 멈추는 순간마저도 침착해 보였다. 핸슨을 작은 마을의 회계사나 보험금 청구 매니저 또는 보험계리인이라고 해도 믿을 것 같았다. 어쩌면 그가 이 모든 일을 하고 있는지도 몰랐다. 다만 그의 고객이 지구의 대기라는 점만 다를 뿐. 포머런스는 자신의 정치 감수성이 번쩍 깨어나는 걸 느꼈다. 눈에 보이는 핸슨의 모든 것이 마음에 들었다.

핸슨은 정치 감수성이 (확실히) 제로였다. 그런데 그가 떠안고 있는 문제는 다분히 정치적이었다. 카터 대통령 임기가 끝날 무렵, 나사의 예산은 삭감되었고 핸슨은 연간 50만 달러에 이르는 기후 연구 자금을 앞으로는 에너지부에서 조달해야 한다는 통보를 받았다. 에너지부의 이산화탄소 프로그램 감독자였던 데이비드 슬레이드는 핸슨에게 오히려 잘된 일이라고 서신을 보냈다. 하지만 이제 슬레이드는 그 자리에 없었다. 레이건이 브롱크스 출신의 프레드 쿠마노프Fred Koomanoff를 앉혀버렸기 때문이다. 미 육군 원사였던 쿠마노프는 매정할 뿐 아니라 예산 삭감에 남다른 열정을 지닌 인물이었다. 쿠마노프는 이미 핸슨을 워싱턴으로 호출하여 연구의 정당성을 설명하도록 지시한 바 있었다. 핸슨은 낙관적인 기대를 진즉에 접었다.

핸슨이 말하는 동안 포머런스는 귀 기울여 듣고 관찰했다. 핸슨이 발견한 기본적인 사실들은 충분히 이해할 수 있었다. 지구가 더워지기 시작한 것은 1880년부터였고 다음 세기 안에는 "거의 전례 없는 규모로" 온난화가 진행될 것이며, 뉴저지주의 10분의 1과 플로리다주 루이지애나의 4분의 1이 범람한 물에 잠기는 등, 테러 수준의 재앙이 밥 먹듯 일어날 수 있다는 것이다. 그러나 포머런스를 흥분시킨 건 대기 과학의 복잡하고 우발적인 현상들을 아주 단순하면서도 직관적으로 설명하는 핸슨의 솔직한 화법이었다. 마흔 살이라는 이른 나이에 고다드연구소의 이사가 될 만큼 그 분야에서 신동이나 다름없는 사람이었지만, 핸슨은 의회에서도 잘 통하는 중서부 특유의 진솔하고 직설적인 화법으로 말하고 있었다. 그는 마치 핵심 선거구의 유권자처럼 보였다. 해 지는 아련한 시골 풍경을 배경으로 찍은 선거 홍보 영상이나 저녁 뉴스에 나와서 아메리칸드림에 대해 인터뷰하는 사람 같기도 했다. 해당 분야의 대다수 과학자들과 달리, 핸슨은 자신의 연구가 정치에 연루되는 것을 겁내지 않았다. 한마디로 그는 완벽했다.

"당신이 하는 말을 세상이 꼭 들어야 합니다." 포머런스는 이어서 물었다. "청문회 증인이 되어주시겠습니까?"

영웅과 악당

비록 레이프 포머런스를 제외하면 별로 주목하는 사람도 없었지만, 환경문제에 대한 레이건의 맹공이 계속되는 와중에도 이미 몇 주 전에 온실효과를 주제로 청문회가 열린 적이 있었다. 백악관 산하의 한 소위원회가 1981년 7월 31일에 개최한 것이었다. 폭이 네 블록이 채 안 될 만큼 좁고 해수면과 높이가 거의 같은 로커웨이반도에 살고 있던 뉴욕주 민주당 하원의원 제임스 슈어어James Scheuer와 테네시주 출신인 서른세 살의 영리한 민주당 하원의원 앨버트 고어 주니어Albert Gore, Jr.가 청문회의 주최자였다.

고어가 기후 문제에 처음 눈을 뜬 것은 십수 년 전, 하버드대학 재학 중 로저 레벨의 강의를 듣고서였다. 칠판에 지그재그 모양으로 킬링 곡선을 그리면서 레벨은 인류가 지구 대기의 급격한 변화를 곧 보게 될 것이며 문명 자체가 붕괴할 위험에 처해 있다고 설명했다. 고어는 뒤통수를 세게 얻어맞은 기분이었다. 레벨의 말이 사실이라면, 왜 아무도 그 문제를 입에 올리지 않을까? 기억을 더듬어봤지만 테네시주 3선 의원이었고 후에는 오하이오주의 한 석탄 회사 회장으로 일했던 자신의 부친에게조차 들은 적이 없었다. 하원의원으로 당선된 뒤, 고어는 의회가 레벨의 강의를 듣는다면 어떤 식으로든 조치를 취할 거라고 생각했다. 아니면 최소한 국내의 3대 뉴스 프로그램 중 한 곳쯤은 청문회를 주요 기사로 다루어줄 것으로 믿었다.

사실 청문회는 고어가 자신의 참모였던 톰 그룸블리Tom Grumbly와 함께 더 큰 규모로 구상했던 환경 운동의 일환이었다. 1980년, 세 번째로 하원의원에 당선된 뒤 고어는 과학 및 기술 위원회Committee on Science and Technology 산하의 소위원회 의장으로 임명되었다. 과학 및 기술 위원회를 감독하는 임무를 맡은 이 소위원회의 설립에도 고어의 입김이 작용했다. 당시 의회에서는 과학 및 기술 위원회를 입법부의 궁벽한 변두리쯤으로 여겼다. 사정이 이러하니 입법 권한도 없는 고어의 소위원회는 있으나마나 한 덤으로 취급할 수밖에. 아무튼 고어는 이런 인식을 바꿔보기로 했다. 환경과 보건이 결부된 이야기에는 드라마의 세 요소 악당, 영웅, 피해자가 등장하곤 한다. 청문회에는 이 세 부류의 인물을 모두 소환할 수 있을 뿐 아니라 해설을 하거나 누군가의 편을 들기도 하고 도덕적 권위를 보장해줄 청문회 위원장도 있다. 고어는 그롬블리에게 청문회를 매주 한 번씩 열어보자고 말했다.

마치 주말 드라마의 스토리보드처럼 회차별 청문회 목록이 꾸려졌다. 그롬블리는 투지를 발휘하여 드라마적 요소를 갖춘 주제를 모아 목록을 만들었다. 연구 결과를 조작한 매사추세츠주의 암 연구원, 미국인 식단에 함유된 과도한 소금의 위험성, 롱아일랜드에서 종적을 감춘 비행기 등 고어가 짠 청문회 판에 딱 알맞을 뿐 아니라 하나같이 열풍을 일으킬 만한 주제들이었다.

"온실효과는 어떨까요?" 고어가 물었다. 정치적이지 않고 실패해도 크게 잃을 게 없는 주제였던 데다 신문 헤드라인은 따놓은 당상인 것처럼 보였다.

"악당이 없잖아요." 그롬블리는 반대했다. "게다가 지목할 피해자도 없지 않습니까?"

"우리가 무언가를 하지 않는다면," 고어가 말을 이었다. "모두가 피해자가 될 겁니다."

그리고 정말 아무것도 하지 않는다면, 우리 모두가 악당이 되는 셈이기도 하고요라는 말은 차마 입 밖에 내지 못했다.

레벨의 청문회는 그롬블리의 계획대로 1980년 7월 31일 9시 30분 레이번 하우스 오피스 빌딩 2층에 있는 소위원회 사무실에서 열렸다. 그러나 증인이 진술하는 동안 청문회장을 드나들며 주의를 산만하게 만드는 선배 의원들로 인해 사안의 절박함은 증발되고 말았다. 브루킹스연구소의 경제학자 레스터 레이브가 무분별하고 헤픈 화석연료 사용으로 인류는 존망의 시험대에 오르게 되었다고 경고할 때까지 청문회장 자리를 지킨 사람은 몇 되지 않았다. "이산화탄소는 미래를 대면하는 우리의 의지를 보여주는 상징입니다. 설령 다음번 선거에 영향을 미치지 않는다고 해도 미래를 위해 진지하게 고민하겠다는 의지의 상징인 것입니다. 이 문제를 해결하기 위한 시간이나 역량이 없다고 결론을 내린다면, 바로 그날이 우리에겐 슬픈 날이 될 것입니다." 그날 밤, 저녁 뉴스 프로그램들은 야구 파업의 해결책과 지지부진한 예산안 논쟁 그리고 전국적으로 버터가 남아돈다는 내용을 주요 기사로 다루었고 고어의 청문회는 거론조차 하지 않았다. 정말 슬픈 날이었다.

그렇게 몇 달이 지난 어느 날 고어는 마침내 새로운 돌파구를 찾아냈다. 과학 및 기술 위원회 참모들의 귀에 백악관이 에너지부 산하의 이산화탄소 프로그램을 폐지하려는 계획을 세우고 있다는 소식이 들려온 것이다. 백악관이 이를 실행에 옮기기 전에 관계자들을 청문회 증인으로 소환할 수 있다면, 그 계획이 얼마나 부끄러운 행정인지 밝힐 수 있을 터였다. 게다가 제임스 핸슨의 논문에 관한 기사가 〈뉴욕 타임스〉 1면에 실렸다는 점은 이산화탄소 문제에 대해 국가적 공감대가 형성되고 있음을 입증했다. 제대로 판을 짜는 일만 남은 셈이었다. 핸슨에게는 영웅 역을 맡기면 된다. 미래를 내다보고, 행동하게끔 세상을 일깨우는 침착하고 노련한 과학자. 악당 역에 마땅한 후보도 있었다. 에너지부 이산화탄소 프로그램 감독자로 레이건이 임명한 프레드 쿠마노프, 닭장을 감시하는 늑대 같은 악당으로 제격이었다. 두 사람 모두 증언대에 서게 될 것이다.

11월에 쿠마노프로부터 기후 모델링 연구 예산을 삭감할 것이라는 연락을 받은 핸슨은 그 사실을 차마 고어의 참모에게 말할 수 없었다. 쿠마노프는 또 다른 이산화탄소 연구를 지원할 가능성을 열어두었다고 말했지만, 결국 나머지 연구 예산마저 지원을 끊었고 핸슨은 연구원 절반에 해당하는 5명을 해고할 수밖에 없었다. 이런 상황이니 핸슨의 입장에서 쿠마노프가 생각을 바꾸기를 기대하긴 어려웠다. 하지만 청문회라면 해볼 만했다. 쿠마노프의 예산 집행을 감독하는 의회 지도자들에게 직접 호소할 기회가 될 테니까.

1982년 3월 25일 핸슨은 심지어 고어의 첫 번째 온실 효과 청문회 때보다도 훨씬 더 듬성듬성 앉은 의원들 앞에서 증언하기 위해 워싱턴으로 날아갔다. 고어는 "온실효과가 실제로 일어나고 있다는 과학계 전반의 견해"에도 불구하고 이와 관련한 예산을 삭감하려는 레이건 행정부를 공격하는 발언으로 청문회를 시작했다. 뉴욕주의 공화당 의원 윌리엄 카니William Carney는 국가 경제가 화석연료에 의존하는 현실을 개탄하면서 과학을 바탕으로 정책을 수립해야 한다고 말했다. 오하이오주 출신의 민주당 의원 밥 샤먼스키Bob Shamansky는 온실 둘러보기를 좋아하는 한 사람으로서 '온실효과'라는 용어를 사용하지 말자고 주장했다. "온실 안에서는 모든 식물이 무성하고 푸르게 잘 자랍니다." 그는 온실효과 대신 "전자레인지 효과"로 바꾸자고 제안했다. "전자레인지 안에 들어가면 무성해지기는커녕 완전히 구워질 테니 말입니다."

펜실베이니아주 출신의 공화당 의원 로버트 워커Robert Walker는 똑같은 주제로 계속 청문회를 여는 게 답답했다. 이미 들을 만큼 듣지 않았던가? "데자뷔 같은 기분이 드는군요." 워커는 말을 이었다. 지난 5년 동안 해마다 "우리는 대기 중에 이산화탄소가 증가하는 문제를 수없이 듣고 또 들었습니다. 모두 그 사실을 인정하고 또 그로 인한 결과가 인류에게 뚜렷하고 중대한 영향을 미치리라는 사실도 압니다." 그럼에도 의회는 아직 단 한 건의 법안도 내놓지 못하고 있지만. "얼마나 더 많은 증거를 확인해야 문제 해결을 위한 단계로 나아갈 겁니까?" 워커는 물었다. 그리고 이어서 말했다. "지금이 그때입니다. 증거는 명백합니다."

고어는 생각이 달랐다. 의원 과반수를 설득하여 화석연료 사용을 제한하는 법안을 통과시키기 위해서는 더욱 강력하고 수준 높은 확신을 갖게 해야 한다고 생각했다. 말뿐인 개혁이 아니라 "우리 문명의 정치적 의지를 시험해 볼 만큼" 대대적이고 거침없는 개혁이 필요했다. 그야말로 미국 경제의 판을 새로 짜야 가능한 일이었다.

하지만 고어가 초대한 전문가들은 워커의 주장에 동의했다. 과학적 증거는 충분하고도 분명했다. 1961년에 탄소순환에 대한 연구로 노벨상을 수상한 바 있는 캘리포니아대학 버클리 캠퍼스의 멜빈 캘빈Melvin Calvin은 온난화를 입증할 더 강력한 증거가 나오기를 기다리는 것은 의미가 없다고 일축했다. "온난화 신호가 소란스럽게 보이기 시작하면 어떤 조치를 취해도 소용없을 겁니다." 그리고 이어서 말했다. "온난화 초기에 신호들을 찾아야 합니다."

핸슨의 일은 그 경고성 신호들을 공유하고 데이터를 알아듣기 쉽게 풀어내는 것이었다. 그는 자신이 분석한 데이터를 컴퓨터가 계산한 복잡한 모델들과 연관 지어 설명했다. 도서관을 드나들며 수백 곳의 기상 관측소에서 보내온 자료를 분석한 끝에 그가 발견한 바는 지구의 표면 온도가 이미 섭씨 0.4도 상승했다는 사실이었다. 수백 곳의 검조 기지국으로부터 받은 데이터는 해수면 역시 지난 세 기보다 약 10센티미터 상승했음을 보여주었다. 옛날의 항해 기록과 현재의 위성 데이터를 비교해본 결과, 1930년대 이후부터 지금까지 남극대륙은 가장자리부터 녹기 시작해서 폭이 300킬로미터에 이르는 빙판이 사라졌다. 가장 경악할 사실은 한 세기 넘게 하늘을 관측한 천문학 장비들이 보여주었다. 확실하진 않지만 온실효과를 일으킬 수도 있는 기체들이, 특히 냉장고와 스프레이 통에 사용되는 합성 화합물의 일종인 염화불화탄소^{chlorofluorocarbon, CFC}가 최근 몇 년 사이 급격하게 증가한 것이다. "어쩌면 사람들이 일반적으로 생각하는 것보다 훨씬 더 방대한 규모의 기후변화가 진행 중인지도 모릅니다." 핸슨은 거의 텅 빈 청문회장을 바라보며 말했다.

고어는 되돌릴 수 없는 시점, 쉽게 말해 기온이 급증하기 시작하는 "시발점"까지 시간이 얼마나 남았는지 궁금했다. "제가 그 시점을 보게 될지 아니면 제 자녀들이 그 시점을 마주하게 될지 알고 싶습니다." 고어가 질문을 던졌다.

"당신의 자녀들이 그 시발점을 목격하게 될 가능성이 높습니다." 캘빈이 말했다. "당신이 목격자가 될 수도 있겠지요. 꽤 젊어 보이시니까 말입니다."

핸슨은 고어의 질문이야말로 정치적으로 중요한 것이라고 생각했다. 최악의 시작까지 시간이 얼마나 남았을까? 이는 지구물리학자들의 노력이 요구되는 문제가 아니었다. 지질학적 시간에서 5년 후냐 50년 후냐는 얘깃거리도 안 된다. 반면에 정치인들은 미래를 생각할 때 6년, 4년, 2년 단위로 있는 선거의 관점에서만 바라본다. 하지만 탄소 문제를 따지자면 지질학과 정치의 두 시간대가 만날 수밖에 없다.

"10년 혹은 20년 안에 우리는 자연적인 변화의 경계를 크게 뛰어넘는 뚜렷한 기후변화를 목격하게 될 것입니다." 핸슨이 말했다.

민주당 하원의원 제임스 슈어어는 자신이 이 문제를 정확하게 이해하고 있는지 확인하고 싶었다. 기후의 위험 신호가 그렇게 빨리 나타나리라고는 아무도 예측하지 못했기 때문이다. "한 세기마다 섭씨 1도 또는 2도가 상승한다면 인간의 적응력이 감당할 수 있는 수준일 것 같은데, 지금 그 적응력 범위를 벗어나고 있다는 말씀인가요?"

"그렇습니다." 핸슨이 대답했다.

슈어어는 얼마나 신속하게 국가적인 에너지 생산 모델을 바꾸어야 하는지 물었다.

핸슨은 대답을 주저했다. 과학이 답할 수 있는 질문이 아니었기 때문이다. 하지만 이대로 가만있을 수는 없었다. 청문회가 진행되는 동안 이미 핸슨은 나무를 심어서 이산화탄소 배출을 상쇄할 수 있다는 터무니없는 발언들에 짜증이 났던 터였다. 헛된 희망은 없으니만 못하다. 그런 희망은 적절한 해결책을 찾으려는 의욕마저 꺾어버린다.

마침내 핸슨은 말했다. "아주 서두르지 않으면 안 됩니다."

"저는 이미 때가 지났다고 생각합니다." 캘빈이 말했다. 하지만 자리에 앉은 채로 한 말이었기에 아무도 귀 기울이지 않았다. 슈어어가 마이크 앞에서 발언하라고 캘빈에게 말했다. 노벨상 수상자인 캘빈이 자리에서 일어나 증언대로 걸어갔다. 마이크에 대고 캘빈이 말했다.

"여러분의 생각과 달리 이미 늦었습니다."

임박한 재앙의 방향

1982년

앨 고어는 이번 청문회가 확실히 성공했다고 생각했다. 그날 밤 CBS 〈이브닝 뉴스Evening News〉의 앵커 댄 래더Dan Rather가 무려 3분이나 할애하여 온실효과를 보도했다. 취재기자는 이전 세기보다 기온이 상승했고 남극대륙의 거대한 총빙 덩어리가 빠른 속도로 녹고 있으며 해수면도 상승하고 있다고 설명했다. 보도 영상에는 멜빈 캘빈이 "이러한 추세는 전방위적으로 재앙이 임박했음을 보여준다"고 단언하는 장면도 있었고, 고어가 레이건의 근시안적 행정을 비웃는 모습도 짧게 나왔다. 후에 고어는 에너지부 이산화탄소 프로그램을 사수한 공을 인정받았고, 결국 이산화탄소 프로그램은 대부분 원안대로 유지되었다.

그러나 삭감되었던 핸슨의 예산은 복구되지 않았다. 그는 자신의 불운한 처지가 청문회에서 증언한 일 때문인지 아니면 레이건의 에너지 정책이 목표로 언명한 석탄 자원의 전면적인 개발이 "바람직하지 않다"고 결론지은 〈사이언스〉의 논문 때문인지 알 수 없었다. 이유가 무엇이었든 간에 핸슨은 혼자가 된 기분이었다. 그가 가장 두려워했고 지난 1년간 피하려고 안간힘을 썼던 시나리오가 현실이 된 것이다. 핸슨은 오로지 검은 윤곽만 보이는 정치적 그림자 연극에서 희생양이 된 것 같았다. 그는 단지 성실하게 연구하고 그 결과를 동료들에게 그리고 미국 국민에게 보고했을 뿐 자신이 잘못한 게 없다는 사실을 알았다. 하지만 지금 핸슨은 그 일로 벌을 받고 있다는 기분을 떨칠 수 없었다.

애니크는 핸슨의 좌절감을 다 이해하지 못했다. 어쨌든 일이 줄어든 덕분에 가족의 삶은 더 충만해졌으니까. 핸슨은 오후 5시면 정확히 퇴근했고 아들의 야구팀 코치를 맡았으며 딸의 농구팀도 지도했다. (핸슨은 참을성이 많았고 코치로서 헌신적이었다. 애니크의 마음에 들기 위해서 좀 지나치다 싶을 만큼 꼼꼼하고 경쟁적이었다.) 핸슨 가족은 뉴저지주 리지우드 외곽의 넓은 집으로 이사했고, 부엌을 확장해 16명이 앉을 수 있는 식탁을 놓았다. 뉴욕 양키스 선수 몇 명이 이웃에 살았는데, 주말이면 뒷마당에서 자녀들과 공놀이를 하는 모습도 볼 수 있었다. 저녁 식사 시간에도 핸슨은 업무와 관련된 이야기는 절대 꺼내지 않았다. 아들과 딸의 팀에 관해서, 뉴욕 양키스 선수들을 동네에서 볼 수 있는 우연한 행운에 대해서 말할 뿐이었다. 그러나 애니크의 눈을 속일 수는 없었다. 애니크는 핸슨이 기후 연구에 대한 정부 지원을 지켜낼 수 있을지, 예산 삭감 때문에 고다드연구소가 메릴랜드로 이전할지 모를 상황인데 과연 나사에 자신의 미래가 있는지 누구보다 깊이 고민한다는 것을 알고 있었다.

핸슨은 사면초가에 처한 것 같아 불안했다. 그런데 기후 모델 연구 자금이 바닥나고 얼마 지나지 않아, 컬럼비아대학 라몬트 도허티 캠퍼스에서 핸슨이 기획한 중요한 심포지엄에 새로운 후원자가 등장했다. 레이건 행정부보다 훨씬 더 부유할 뿐 아니라 이념적으로도 자유로운 새로운 물주는 바로 엑슨이었다. 향후 벌어질 입법 전쟁에 앞서 신뢰를 구축하는 게 좋다는 헨리 쇼의 권고를 따른 엑슨은 이미 지구온난화 연구에 보란 듯 자금을 두둑이 지원하고 있었다. 유엔이 편성한 국제 연구와 1970년대 중반부터 기후 정책 수립을 촉구했던 생태학자 조지 우드웰George Woodwell이 주축이 되어 우즈홀연구센터 Woods Hole Research Center에서 진행한 연구를 비롯해 엑슨은 이미 굵직한 연구 프로그램들에 수만 달러를 기부하기 시작했다. 그리고 이번에는 핸슨이 기획한 라몬트 도허티 심포지엄에 자금을 지원하겠다고 나선 것이다.

환경문제에 대한 엑슨의 진실성을 보여주는 의미에서 쇼는 심포지엄에 자기보다 높은 직급의 에드워드 데이비드 주니어Edward David, Jr.를 참석하게 했다. 데이비드는 엑슨의 연구 부서 책임자이자 닉슨의 과학 고문이었으며 정권 교체 기간 중 레이건의 과학자문위원회 패널로 활동한 바 있었다. 핸슨은 엑슨의 지원에 몸 둘 바를 몰랐다. 엑슨의 기부금이면 20여 명의 심포지엄 참가자 전원에게 여행 경비와 숙박비는 물론이고, 캠퍼스 반경 15킬로미터 안에서 유일하게 격조 있고 우아한 테너플라이의 식민지풍 호텔 클린턴 인에서 최고급 소갈비로 만찬을 제공하고도 남을 만했다. 감사의 의미로 핸슨은 데이비드에게 심포지엄의 기조연설을 부탁했다.

데이비드의 '미래 창조: 에너지와 이산화탄소 온실효

과 Inventing the Future : Energy and the CO_2 'Greenhouse' Effect'라는 제목의 연설에는 레이프 포머런스에게 들려주는 듯한 대목이 몇 군데 있었다. 데이비드는 자본주의가 자유 시장 논리를 맹신하는 반면 환경보호에 대한 신념은 "매우 미흡한" 수준이라고 공격하면서 연설의 포문을 열었다. 그는 도덕적 차원에서 환경문제를 고려해야 할 필요도 있다고 주장했다. 그는 엑슨이 기후변화를 고려하여 기업 전략을 개선할 것이라고 약속했다. 설령 "시류에" 뒤떨어질지라도 반드시 전략을 개선하겠노라고 굳게 맹세했다. 엑슨은 경영 결정을 내리는 데 향후 20년의 미래를 내다보곤 했다. 하지만 이산화탄소 문제에서만큼은 그러지 않겠다고 데이비드는 설명했다. 최소한 50년 앞을 보겠다고 덧붙였다. 수년 내에 화석연료에서 재생에너지로의 대대적인 전환이 반드시 이루어져야 할 뿐 아니라 실제로 그 전환은 이미 시작되었다고 말했다. 데이비드는 엑슨이 원자력과 태양에너지 기술에 상당한 투자를 하고 있는 만큼, 기후변화의 위기로부터 세상을 구원하는 데 큰 힘을 보탤 것이라고 '전반적으로 낙관적인' 결론을 내렸다.

핸슨이 낙관적이라고 생각한 이유는 따로 있었다. 연구 자금을 잃은 좌절감이 사라지고 안도감이 들기 시작했기 때문이었다. 차라리 이렇게 개인적으로 연구하는 것이 더 낫겠다는 생각이 들었다. 정부의 자금을 받지 않으니 지시를 따를 필요도 없을 터였다. 정치인이나 관료 들의 환심을 사려고 노력하지 않아도 될뿐더러 보복당할까 봐 몸을 사릴 필요도 없을 테니까. 어떤 결과가 나오든 오로지 연구에 전념할 자유가 생긴 것이다. 게다가 세계 최대의 석유 가스 회사가 국가의 새로운 에너지 모델을 구축하겠다고 결정한다면, 백악관도 그 길을 막진 못할 것이다. 레이건 행정부는 내부 계급에서 일으키는 변화에 적대적이었다. 하지만 엑슨에게 적대적일 수는 없었다.

변화가 시작되는 듯 보였다. 이산화탄소 문제뿐 아니라 환경 정책에 대한 공격적 비난으로 레이건 행정부는 훌륭한 지지자들을 소외시켜왔다. 하지만 정권 초반에 휘두른 독재적인 권력은 타협과 예산 집행 연기로 한발 물러섰다. 1982년 말에는 국회의 여러 위원회들이 슈퍼펀드(공해 방지 사업을 위한 대형 자금) 집행 지역의 정화 사업을 요구하는 목소리를 묵살한 앤 고서치를 조사하기 시작했고 마침내 의회는 그녀를 고소하기로 가결했다. 한편 공화당 의원들은 수천 에이커에 달하는 토지를 환경보호 구역에서 제외시킨 제임스 와트에게로 공격의 화살을 돌렸다. 이 두 행정부 각료는 해를 넘기지 못하고 사임할 터였다.

　　이산화탄소 문제는 핸슨의 연구 결과들이 뉴스의 첫 머리를 장식하면서 대중의 의식에도 동요를 일으키기 시작했다. 과학에서 출발한 이야기가 정치 이야기로 바뀌어가고 있었던 것이다. 한두 해 전만 해도 기대할 수 없었던 일이었기에 핸슨은 여전히 불안했다. 하지만 동시에 그는 과학의 엄격한 윤리가 허용하지 않는 자유를 정치가 제공한다는 사실을 깨닫기 시작했다. 정치권은 그 자체가 하나의 거울 세상, 즉 우리의 세상을 투박하게 흉내 낸 유사 현실이었다. 이 유사 현실에서도 중력이나 관성, 언론의 역할 같은 대부분의 기본적인 법칙들이 적용된다. 그리고 충분한 압력을 행사하면 정치의 거울 세상은 새로운 미래를 향해 나아갈 수도 있다. 핸슨은 이런 경향을 깨닫기 시작했다.

PART 2

나쁜 과학소설

1983 — 1988

상원에서 증언하는
제임스 핸슨

1988년 6월 23일

ⓒ NASA Goddard Institute

단순한 경고일 뿐
두려워할 건 없다

1984년이 끝날 무렵까지 레이프 포머런스는 모든 일을 접
고 심박급속증, 일명 빈맥頻脈을 치료하기 위해 웨스트버지
니아 숲속의 통풍 잘되는 농가에서 휴양하면서 남은 생을
어떻게 살아야 할지 고민하고 있었다. 포머런스가 고달팠
던 그간의 경험을 통해 깨달은 것은 정치가 직선으로 진행
하지 않는다는 사실이었다. 마치 킬링 곡선처럼 정치는 더
딘 전진과 급속한 후퇴를 반복하며 지그재그로 나아간다.
어쨌든 그는 지금 아주 길고 어두운 겨울을 보내고 있었다.
기후 문제는 몇 년 동안 과학계 내부에서조차 난해한 사안
으로 여겨졌다가 급기야 행동을 촉발할 수준으로 부상했

고, 공화당 의원들이 "정치적 의지를 한데 모으는 일은 우리 손에 달려 있다"고 선언하기에 이를 만큼 빠르게 진행되는 듯하더니, 결국 제자리걸음 치다가 숨이 멎고 말았다. 이 모든 일은 기후 과학의 위상에 변화를 가져오진 못했지만 기후 정치판에 변화를 몰고 온 단 한 편의 치명적인 보고서 때문에 벌어졌다.

1979년 차니 보고서가 발표된 뒤, 지미 카터는 국립과학아카데미에 100만 달러 예산을 들여 이산화탄소 문제를 포괄적으로 분석할 것을 지시했다. 온실효과를 파헤치기 위한 기후 버전의 워런 위원회Warren Commision(케네디 대통령 암살 사건을 조사하기 위한 특별 위원회 — 옮긴이 주)가 소집된 셈이었다. 로저 레벨을 비롯해서 프린스턴연구소의 기후학자 마나베 슈쿠로, 차니 팀과 맨해튼 프로젝트에 참여한 바 있는 노장들, 그리고 장차 노벨상의 영예를 안게 될 3명의 학자인 예일대학의 경제학자 윌리엄 노드하우스, 천체물리학자 윌리엄 앨프리드 파울러William Alfred Fowler, 하버드대학의 정치경제학자로 냉전시대의 갈등을 게임 이론으로 풀어낸 석학 토머스 셸링Thomas Schelling이 포진하는 등 과학계의 고관들로 팀이 구성되었다. 이들에게는 문제의 보고서를 면밀히 검토하여 지구온난화가 세계 질서에 미칠 영향을 평가하고 그 해결책을 찾으라는 임무가 맡겨졌다. 바로 그 무렵 레이건이 백악관에 입성한 것이다.

그로부터 3년간 이 위원회가 대기화학, 해양생물학, 지질학, 천문학, 공중보건과 정치과학 분야에서 70여 명의 전문가들로부터 도움을 받아 검토 끝에 완성한 보고서는 이산화탄소 문제와 관련된 모든 질문에 대해 레이건 행정부가 내놓는 답변을 대신할 터였다. 프레드 쿠마노프와 그의 동료들은 국립과학아카데미 측의 결론이 발표되기 전까지는 어떠한 기후 정책도 없을 것이라고 말했다. 레이건 행정부의 거울 세상도 온난화 문제를 방치한 것은 아니었다. 신중하고 포괄적인 해결 방안이 만들어지고 있었으니까. 이제 아카데미의 원로들이 그 해결 방안이 무엇인지 설명하기를 기다리는 일만 남았다.

1983년 10월 19일, 마침내 위원회가 그동안 분석한 결과를 발표했다. 위원회의 자존심에 누가 되지 않게끔, 아카데미의 그레이트 홀에서 진행된 보고서 발표회는 칵테일과 만찬이 제공된 축하 의식으로 시작되었다. 시스티나 예배당에 천장화가 있다면, 돔으로 솟은 그레이트 홀의 아치형 천장에는 태양이 그려져 있었다. 태양 둘레에는 과학을 찬미하는 의미에서 '산업의 선도자'라는 문구가 새겨졌다. 이 글귀가 무색하지 않도록 아카데미 측은 미국의 산업을 이끈 선도자들을 축하연에 초대했다. 피바디 콜Peabody Coal, 제너럴 모터스General Motors, 신세틱 퓨얼스 코퍼레이션Synthetic Fuels Corporation 의 부사장이 참석했다. 엑슨의 월터 에클만Walter Eckelmann 은 위원회의 자문 위원 자격으로 참여했고, 엑슨의 이산화탄소 연구 프로그램 책임자인 앤드루 칼레가리Andrew Callegari 도 그 자리에 있었다. 이 산업의 선도자들은 앞으로 벌어질 불가피한 정치적 논쟁에 대비하기 위해 미국 정부가 취할 행동에 촉각을 곤두세웠다. 레이프 포머런스 역시 보고서 결과가 궁금했다. 그러나 그는 초대받지 못했다.

하지만 그날, 보고서 발표 전에 있었던 기자회견장에 가까스로 비집고 들어간 포머런스는 '변화하는 기후'라는 제목의 496쪽짜리 보고서 복사본 한 부를 낚아채 목차를 훑어보았다. 지난 4년 동안 이미 전미연구평의회, 국립기후프로그램National Climate Program, 세계기상기구World Meteorological Organization, WMO, 오스트레일리아과학아카데미 그리고 환경보호국의 다각적인 이산화탄소 프로그램 등에서 실시되었던 유수의 연구들이 발표되었고, 그 결론은 차니 보고서와 기본적으로 동일했다. 게다가 보고서 발표회가 있던 바로 그 주에 환경보호국은 '온실 온난화를 늦출 수 있을까?Can We Delay a Greenhouse Warming?'라는 제목으로 또 하나의 독자적이고 중요한 평가서를 발표했다. (환경보호국이 200여 쪽에 걸쳐 암울하게 써 내려간 평가서의 결론을 한 단어로 압축하면, '아니오'였다.) 그러나 지금까지 그 어떤 연구 단체도 자금과 시간, 연구의 전문성 면에서 국립과학아카데미를 능가할 단체는 없었다. 〈변화하는 기후〉가 포괄하는 범위는 가히 인상적이었다. 농업 및 사회 정치와 관련된 여러 위원회를 산하에 둔 만큼, '콜로라도강The Colorado River', '잡초Weeds', '심층 순환The Deep Circulation', '시간 차원The Time Dimension' 등 보고서의 소제목들도 특별하고 웅장했다. 웅장한 소제목에도 불구하고 포머런스는 아카데미의 보고서에서 중대하고 새로운 발견을 찾을 수 없었다. 보고서의 개요에는 "이러한 규모로 벌어지는 환경 변화에 대해 깊은 우려를 표하는 바이다"라고, 그리고 이어서 "우리는 어쩌면 아무도 상상하지 못한 방식으로 곤경에 처할지도 모른다"고 적혀 있었다.

보고서 저자들은 얼음이 사라진 북극, 해수면 상승으로 해안에서 3킬로미터 떨어진 비컨힐이 섬이 되어버린 보스턴의 모습 등 몇 가지 곤경을 상상하여 예로 들었다. 정치 혁명과 무역 전쟁을 예측한 부분도 있었고, 포머런스의 숙모였던 바버라 터크먼이 쓴 중세 역사 소설 《먼 거울》에서 발췌한 인용문도 있었다. 간략히 설명하면 바버라 터크먼은 14세기에 일어난 기후변화 때문에 "사람들은 자기 자녀를 먹었고", "교수대에서 끌어 내린 범죄자의 시신을 식량으로 삼았다"고 썼다. 위원회 위원장인, 제이슨 팀원이자 대통령 자문 위원이었고 로저 레벨 후임으로 샌디에이고에 위치한 미국 최고의 해양학 센터인 스크립스 해양 연구소의 소장이 된 윌리엄 니런버그 William Nierenberg 는 서문에서, 모든 세세한 문제들이 뚜렷하게 가시화되기 전에 즉각 행동을 취해야만 한다고, 그러지 못하면 너무 늦을 것이라고 주장했다.

니런버그는 〈변화하는 기후〉 보고서에 분명히 그렇게 적었다. 하지만 발표회 뒤에 이어진 기자회견에서는 위원회의 핵심 인물들뿐 아니라 니런버그조차도 이 같은 주장을 언급하지 않았다. 언급은커녕 오히려 정반대의 견해를 밝혔다. 시급하게 행동에 나설 필요가 없다고 말이다. 니런버그는 (대부분이 자신이 쓴 보고서에도 언급된 예측임에도) 기후변화에 대한 가장 "극단적이고 부정적인 예측들"에 대중이 현혹되어서는 안 된다고 경고했다. 〈변화하는 기후〉

보고서에서 분명하게 지구의 대기가 지난 세기에 입은 피해에서 회복하려면 수천 년이 걸릴 수 있다고 설명하면서 재생 가능한 연료로의 전환을 서둘러야 한다고 주장했음에도, 니런버그는 "단순한 경고일 뿐 두려워할 건 없다"고 권고했다. 심각한 문제라는 점은 인정하나, "우리가 생각하는 대로 진행된다면 향후 100년 정도 안에 충분히 관리될 수 있는" 문제라고 설명했다. 일단은 지켜보는 게 좋다는 의미였다. 곤경에서 벗어나는 미국의 능력을 믿어보는 게 좋겠다는 뜻이기도 했다. 국가의 중대한 에너지 정책에 즉각적으로 개입하는 일은 비용은 많이 들고 효과는 적을 테니, 앞으로 수십 년 후에 더 따뜻해진 행성이 경제에 미치는 영향들을 더 깊이 이해하고 나서 행동을 취하는 게 바람직하다는 것이다. 물론 최악의 경우에는 기후가 변하겠지만, 미래의 세대는 변하는 기후에 훌륭히 적응해나갈 거라는 설명도 덧붙였다.

　　로저 레벨마저도 이 주장을 거들고 나섰다. 그는 기자들을 향해 "노란불이 켜졌을 뿐 빨간불이 켜진 것은 아니다"라고 말했다. "어떤 의미에서 그것은 재앙이라고 단언할 수 없다. 변화일 뿐이다." 저명한 기후 모델 학자이자, 마나베 슈쿠로가 지구온난화 모델을 연구할 수 있도록 프린스턴대학에 연구실을 설립하는 데 일조한 위원회의 핵심 인물 중 3인자로 꼽히는 조셉 스마고린스키Joseph Smagorinsky는 환경보호국의 보고서를 "쓸데없는 기우"라고 노골적으로 비꼬았다. 그는 인류의 화석연료 사용량이 꾸준히 증가한다고 가정해도 앞으로 100년 이상은 환경보호국의 예측들을 거론할 필요가 없다고 경멸 조로 말했다. 이어서 스마고린스키는 "만일 그 예측대로 계산한다면 비현실적인 숫자만 얻게 될 것이다"라고 했다. 니런버그는 환경보호국의 보고서를 "미흡한 결과물"이라고 일축했다. 하지만 두 보고서의 저자들이 내린 결론은 같았다. 환경보호국 측은 최악의 사태를 피하기에는 너무 늦었다고 주장했고, 국립과학아카데미 측은 행동하기에 너무 이르다고 했다. 어쨌든 양쪽 모두 적응만이 유일한 해결책이라고 결론을 내린 셈이었다. 토머스 셸링이 클라우스 마이어 아비히의 주장을 되풀이하며 〈변화하는 기후〉 보고서의 여러 쪽에서 밝힌 바대로, 어떤 규제 정책도 성공할 가능성이 없으며 "기후변화는 우리가 예상할 수밖에 없는 시나리오"라고 못 박았다. 한마디로 자기 충족적 예언이라는 말이었다.

위원회가 내놓은 유화적인 결론을 어떻게든 이해해보려고 애쓰던 포머런스는 회견장을 둘러보고는 놀라움에 입을 다물지 못했다. 기자, 직원 할 것 없이 모두가 여느 기자회견장에서처럼 공손하게 경청하면서 충실히 받아 적고 있었던 것이다. 니런버그를 아는 공무원들은 그가 내린 결론을 당연한 듯 받아들였다. 니런버그가 오랜 경험과 훈련으로 낙천주의가 몸에 밴 사람인 데다 훌륭하고 현학적이며 미국예외주의American exceptionalism의 독실한 신봉자라는 이유도 있었지만, 무엇보다 프랭클린 루스벨트 시절부터 모든 대통령에게 자문한 과학 원로 중 한 명으로 경제공황과 핵 시대와 냉전 시대를 두루 겪으며 잔뼈가 굵은 사람이었기 때문이다. 〈변화하는 기후〉 보고서에 참여했던 많은 과학자들은 더스트 볼의 피해에서 평원을 복구하는 데 큰 도움을 주었고, 폭탄 발명으로 제2차 세계대전을 승리로 이끌었을 뿐 아니라 항공 우주 산업과 컴퓨터 산업을 폭발적으로 성장시킨 주역이었다. 그들은 몇 세대에 걸쳐 국가에 실존적 위기가 닥칠 때마다 해결책을 내놓았다. 고작 숨 쉴 때 내뱉는 가스가 과도하게 많아지는 일에 눈 하나 깜빡할 위인들이 아니었던 것이다. 정권 교체기 동안 과학기술 분야를 전담하여, 비록 과학 자문위원이라는 직책은 맡지 않았지만 레이건에게 조언을 했던 니런버그의 정치 감각은 시장 원리를 극찬하고 정부의 개입에 회의적인 태도에서 극명하게 드러났다.

베트남전쟁과 환경 운동의 태동을 보면서 성장한 포머런스로서는 미국의 독창성에 대한 획일적 믿음에 동조할 수 없었다. 포머런스는 산업의 급격한 발전을 추동하는 어두운 기류가 두려웠다. 신기술이라 칭하는 모든 초강력 기술이 내포하고 있는 뜻밖의 결과가 두려웠고, 그 기술들이 감독되지 않았을 때 사회의 기반이 무너질 수 있다고 생각했다. 1970년대에 벌어진 대기와 수질 오염 사태에도 기술은 해결책이 되지 못했다. 위기를 해결한 것은 적극적인 행동주의와 정부의 강력한 규제를 촉구한 조직적인 운동이었다. 니런버그의 애매모호한 결론을 들으면서 포머런스는 머리를 흔들고 낮은 신음을 삼켰다. 단체로 이성을 잃어가는 기자회견장에서 제정신인 사람은 오직 자신뿐인 것 같았다. 로저 레벨과 조지 우드웰, 윌리엄 노드하우스가 속한 위원회가 어떻게 아무런 행동을 취하지 않아도 된다는 말을 결론이랍시고 내놓을 수 있는가? 아이젠하워 정부 시절부터 대통령들에게 줄곧 경고를 해왔던 레벨이 아니던가? 1970년에 화석연료 의존도를 낮출 수 있는 기회는 "순식간에 사라질" 것이라는 선언을 담아 카터가 있는 백악관 앞으로 보낸 서신의 초안을 잡고, 레벨과 고든 맥도널드, 찰스 데이비드 킬링에게 동의 서명을 받은 우드웰이 아니던 가? 노드하우스로 말하자면 화제의 바로 그 보고서, 〈변화 하는 기후〉에서 환경보호국의 양가적이고 우유부단한 태 도에 비해 훨씬 더 대담하게 탄소세 옹호론을 펼쳤다. 이 모든 정황을 종합해서 포머런스가 내린 결론은, 행동하지 않겠다는 정책은 비이성적일 뿐 아니라 **나쁜** 정책이라는 것 이었다. 뒷줄에 앉아 있던 누군가가 포머런스에게 진정하 라고 말했다.

니런버그의 〈변화하는 기후〉 언론 보도 자료는 실제 보고서의 내용을 100분의 1로 압축한 것이지만, 100여 개 의 매스컴에서 헤드라인을 차지했다. 〈월스트리트저널The Wall Street Journal〉은 "세상을 떠들썩하게 만든 지구온난화 를 우려하는 사람들에게 정상급 과학자들이 건넨 조언은: 대처할 수 있다"라고 발표했는데, 전국의 상업 관련 간행 물들이 이 문구를 그대로 베껴 썼다. 국립과학아카데미 과 학자들이 보여준 과장된 안도감을 비난한 언론도 있었다. CBS 〈이브닝 뉴스〉의 댄 래더는 아카데미 과학자들이 일 주일 앞서 발표된 환경보호국의 평가서를 "쌀쌀맞게 대했 다"고 평했다. 〈워싱턴 포스트Washington Post〉는 두 보고서 를 싸잡아 "무대책을 명쾌하게 외쳤다"고 논평했다.

하지만 최고로 강력한 한 방은 〈뉴욕 타임스〉가 날렸다. 〈뉴욕 타임스〉는 "지구온난화 경향에 대한 성급함에 반대함"이라는 제목으로 기후 문제에 대해 지금까지와는 확연히 구별되는 기사를 실었다. 〈변화하는 기후〉 보고서에 상세하게 묘사된 암울한 예언들 중 일부를 발췌해 실었지만, 기사는 전반적으로 조지 키워스 2세$^{George Keyworth II}$의 위임을 받은 백악관 고위 간부의 주도로 작성된 성명서에 가장 큰 비중을 두었다. 키워스는 니런버그의 낙천적 결론을 근거로 환경보호국의 보고서를 "부적절하다"고 깎아내리고 그 어떤 "단기적 개선 조치"에도 반대했다. 행정부의 입장이 불분명하다는 비난에 대비해 키워스는 이렇게 힘주어 덧붙였다. "지속적인 연구 말고는 권고할 조치가 없다."

몇 주가 지나는 동안 언론의 관심도 시들었고 산업계는 귀를 닫았다. 미국석유협회는 이산화탄소 문제 전담반을 해산했고, 엑슨도 자체적으로 실행했던 이산화탄소 연구 프로그램을 폐기했다. 업계 주최로 열린 한 학회에서 헨리 쇼는 〈변화하는 기후〉 보고서를 증거로 인용하면서 "이산화탄소 온실효과에 기술적으로 적응할 시간이 충분하다는 것이 전반적인 여론"이라고 설명했다. 국립과학아카데미가 이산화탄소 배출 규제를 우리의 선택지로서 진지하게 검토하지 않는다고 결론을 내린 마당에 엑슨이 공연히 법석을 떨 이유가 있는가? 2년 전 지구의 에너지 정책을 전환하기 위한 엑슨의 노력을 자랑하던 에드워드 데이비드 주니어는 〈사이언스〉와의 인터뷰에서 "엑슨은 석유제품, 천연가스, 증기용 석탄과 같은 재래식 탄화수소 연료의 중요 공급자로 복귀"한다고 말하면서 "원칙으로 돌아가고 있다"고 설명했다.

이산화탄소 문제에 재차 숨을 불어넣기 위한 간절한 노력 끝에, 포머런스는 1984년 2월 28일 마침내 앨 고어의 소위원회에서 두 보고서를 검토하는 청문회를 다시 열수 있도록 힘을 보탰다. 이번에는 포머런스 자신도 증인석에 서게 해달라고 요청했다. 그간 자신의 입장을 대변할 훌륭한 전문가나 유명 인사를 앞세웠던 포머런스로서는 매우 이례적인 일이 아닐 수 없었다. 포머런스에게는 사람들에게 확신을 심어주는 재능이 있었다. 그의 말을 듣다 보면 어느새 그 신념이 고스란히 전염되고 마치 항상 그에 따라 행동하고 싶었으나 지금까지 기회가 없었던 것 같은 기분이 들었다. 하지만 이제는 이러한 접근법을 쓸 만큼 시간이 많지 않았다. 포머런스는 필사적이었다. 고어도 마찬가지였다. 고어는 온실효과를 "나쁜 과학소설"에 비유하면서 맨해튼이 팜비치처럼 온화해진다든지 캔자스가 멕시코 중부 같은 기후가 되는 등 그 여파로 초래되는 결과들이 너무 비현실적이라서 오히려 신중한 논의를 가볍게 만들 수 있다고 안타까워했다.

고어는 저녁 뉴스의 한 꼭지를 장식할 만한 인물들을 증인으로 소환했다. 칼 세이건Carl Sagan은 결과에 대한 해결책을 고민하지 않고 지구의 환경을 바꾸는 것은 "극단적인 무책임"이라고 주장했다. 윌리스 브로커는 불길한 또 다른 예언을 내놓았다. 남극대륙과 그린란드에서 최근에 채취한 빙하 코어는 기후변화가 앞서 예측한 대로 서서히 일어나는 것이 아니라 갑작스럽게 "도약"하듯 일어난다는 사실을 보여주며, 그로 인해 해류의 순환이 극적으로 바뀌어 상상도 못한 최악의 재앙을 불러올 수도 있다고 예측했다. 환경보호국 이산화탄소 연구소의 신임 소장으로 임명된 존 호프먼은 해수면이 30센티미터만 상승해도 대서양에 맞닿은 해안선은 내륙으로 60미터 넘게 올라오게 될 것이라고 설명했다. 〈변화하는 기후〉의 변호인으로 등장한 사람은 국립과학아카데미에서도 명망이 높고, 보고서의 서문을 쓴 토머스 말론Thomas Malone이었다.

말론은 이산화탄소 문제를 최초로 거론한 과학자 중

한 명이었다. 그는 1966년 고든 맥도널드가 소장으로 있던 국립과학아카데미가 기후를 바꾸는 인류의 능력에 대해서 쓴 보고서를 검토한 바 있었다. 그리고 그해 말에도 말론은 의회에 출석하여 지구온난화의 위험은 "우리가 수십 년 안에 반드시 해결해야만 하는 중대한 문제"라고 증언했다. 그런데 20여 년이 흐른 지금 말론은 윌리엄 니런버그의 유화적 결론을 되풀이하는 것으로도 모자라 의회를 향해 지금 행동하는 건 "시기상조"라고 외치고 있는 것이다. 말론과 가까이 앉은 포머런스는 반발하고 싶은 마음을 숨길 수 없었다.

그때 고어가 말했다. "포머런스 씨, 반박하고 싶어서 좀이 쑤시는 거 압니다."

"지금 우리가 나서야 합니다." 포머런스가 말했다. "무얼 해야 하는지도 압니다. 증거도 있고요. 더 이상 숨길 수도 없을 만큼 문제도 엄연히 실재하고요. 사람들은 손주들에게 문제를 떠넘기느냐 마느냐를 논하지만, 저는 이 문제를 우리의 **자녀들이** 떠안게 될까 봐 걱정입니다." 전반적으로 대화의 전제를 혼동하고 있다고 포머런스가 말했다. 과학자들이 행동을 요구할 날을 기다리는 것은 바보 같은 짓이었다. 과학자들도 기본적인 사실에 대해서는 이미 전적으로 동의했다. 그런데 왜 에너지 관련 업계에 책임을 묻지 않는가? 화석연료가 해롭지 않다는 걸 증명해보라고 요구해야 한다. 공허한 국립과학아카데미의 경고나 비관론에 빠진 환경보호국의 결론은 최악의 상황을 피할 가능성이 아직 남아 있다는 사실을 제대로 설득하지 못했다. 어쨌든 신속하게 행동하지 않으면 안 된다. 당장 내일 석탄 사용을 금지하는 법안이 통과된다고 해도, 그 결과가 나타나기까지는 수십 년, 아무리 빨라도 몇 년은 걸릴 테니까 말이다. 우리 문명은 깊고 어두운 구렁을 향해 위태로운 다리 위를 돌진하는 기관차였다. 트랙에서는 적색 등이 깜빡거리고 차단막은 내려가고 있는데, 가속도가 붙은 기관차는 너무 빠르게….

"결정을 내려야 할 사람은 당신과 같은 정치인들입니다." 포머런스가 고어에게 말했다. "과학자들에게 결정을 미루지 마십시오. 이건 그들이 할 일이 아닙니다."

의회가 무엇을 할 수 있을까? 포머런스는 청문회장에 입장할 때 이미 그 행동 방안을 적은 진술서를 갖고 있었다. 필연적인 기후변화에 대비할 것과 기후 연구에 더 많은 지원을 할 것 그리고 정부의 합성 연료 개발 계획을 폐지할 것을 주요 골자로 삼았다. 이런 조치들은 산성비를 줄이고

에너지 안정성을 높일 수 있으며 공중 보건 향상이나 비용 절감과 같은 부수적인 이점도 동반할 터였다. "아주 중대한 사안임이 분명한데, 문제를 대하는 태도는 기막힐 정도로 안일합니다. 장담컨대, 상상을 초월할 수준일 겁니다."

"지금까지의 모든 논의에서 놓치고 있는 중대한 요소는 바로 리더십입니다." 발언을 마무리하기에 앞서 포머런스는 심호흡을 했다. "그리고 그 리더십은 정치권에서 나와야 합니다."

청문회장에 남아 있던 사람들의 시선은 앞서 열린 청문회에서 온난화 문제가 문명에 대한 정치인의 의지를 가름하는 시험대라고 주장한 바 있던 테네시주 의원에게 쏠렸다. 그는 중대한 정책의 정당성을 확보하려면 나라 전체가 과학에 한 차원 더 높은 확신을 가져야 한다고 말했다. 그러나 더 이상 머뭇거리기에는 일어날 결과들이 너무 참혹할 것이라는 말도 빼놓지 않았다. "쉽지 않은 일입니다. 정말 심각하고 어려운 문제입니다." 그리고 몇 분 뒤 청문회는 휴회를 선언했다.

청문회가 끝나고 얼마 지나지 않아서 포머런스는 지구의 벗을 나왔다. 그럴 수밖에 없었던 몇 가지 이유가 있었다. 직원과 위원회를 관리하고 상대해야 하는 업무의 정치적 성격이 부담스러웠고, 직함을 내려놓고도 영향력이 있던 조직의 리더 데이비드 브로어와 의견 차가 컸다. 1970년대 초반에 지구의 벗의 모태가 되었던 환경 운동이 위기를 맞은 것도 한 이유였다. 환경 운동 조직들을 규합할 대의명분이 없었다. 포머런스가 생각하기에 위기에 빠진 환경 운동에 기후변화보다 더 큰 대의명분은 없었다. 하지만 실체가 없는 기후변화 문제로는 끔찍한 재앙으로 폐허가 된 러브 운하Love Canal(미시간주의 러브 운하에 유해 폐기물을 매립한 사건. 1940년대에 한 화학 회사가 건설이 중단된 러브 운하와 주변 지역을 사들여 약 10년간 2만여 톤의 유독성 화학 폐기물을 매립하였다. 이후 이 지역에 사는 사람들은 여러 질병에 시달렸고 유산율과 기형아 출산율도 높았다. 1978년 미국 연방 환경처는 이 지역을 환경 재난 지역으로 선포하고 주민들을 이주시켰다―옮긴이 주), 헤치헤취 Hetch Hetchy(미국 국립공원 역사상 최악의 개발 실수로 알려진 오셔그내시 댐이 건설된 곳―옮긴이 주), 스리마일섬(스리마일섬 원자력발전소에서 1979년 3월 28일에 노심 용해 사고가 일어났다. 미국의 원자력발전 산업 역사에서 가장 심각한 사고다―옮긴이 주)과 같은 지역의 보존에 전략을 집중하길 원하는 나이 많은 운동가들을 규합하기 어려웠다. 유독성 폐기물이 지구 전체에 버려지는 상황이라면, 그것도 보이지 않는 대기에 버려지는 상황이라면 어떤 식의 항의 집회를 열어야 한단 말인가?

리노어 포머런스는 남편을 볼 때마다 필라델피아의 유명한 석간신문 〈필라델피아 블러틴Philadelphia Bulletin〉의 옛날 광고가 떠올랐다. "필라델피아, 거의 모든 시민이 읽는 블러틴"이라는 문구와 함께 시작되는 영상에서는 발 디딜 틈 없는 통근 열차 안의 모든 승객들이 고개를 숙이고 신문을 읽는다. 저 멀리 차창 밖을 바라보는 한 남자만 빼고. 리노어는 남편 레이프가 바로 그 남자 같았다. 다른 모든 사람들은 무릎 위로 고개를 숙이고 당장 오늘의 뉴스거리에 정신을 팔고 있는데, 그 홀로 이 세상의 가장 큰 골칫거리를 골똘히 바라본다. 포머런스는 집에서는 일에 관해서 일절 입을 열지 않았고 아이들과 놀면서 쾌활하게 행동했다. 하지만 아이들은 몰라도 리노어까지 속일 수는 없었다. 게다가 그의 신경계도 주인 말을 듣지 않는 듯했다. 지구의 벗에서의 임기가 거의 끝날 무렵, 포머런스는 심박 속도가 비정상적으로 빠르다는 진단을 받았다.

처음에는 그저 두어 달 쉬면서 앞으로의 일을 고민해볼 작정이었는데, 두 달이 어느새 1년으로 늘어나고 말았다. 그는 지난 일들을 곱씹고 또 곱씹었고, 조사하고 또 조사했다. 포머런스는 웨스트버지니아주 세네카 록스 인근의 낡은 농가에 내려오면 보통 몇 주씩 머물렀다. 1970년대 초반에 매입할 때만 해도 농가에는 장작 난로가 유일한 난방시설이었고 수돗물도 나오지 않았다. 전화라도 한 통 할라치면 전화교환원의 집까지 차를 몰고 나가야 했다. 물론 교환원이 집에 있기를 바라면서 말이다. 포머런스는 그 추운 농가에서 생각하고 또 생각했다.

겨울은 그를 어린 시절로 돌아가게 해주었다. 코네티컷주 코스 콥에 있는 그의 고향 집은 은행가이자 보수주의자였던 할아버지 모리스 베르트하임Maurice Wertheim이 1912년에 구입한 토지에 딸린 곳이었다. 포머런스의 집에서 조금 걸어 나가면 연못이 하나 있었는데 겨울이면 거기서 어머니에게 스케이트를 배웠다. 해 질 녘의 숨 막힐 듯한 고요함, 얼음 위에 쌓이는 눈송이들, 밤보다 더 검은 나무로 둘러싸인 으스스한 빈터를 포머런스는 기억했다. 그가 살던 집은 건축가였던 아버지가 설계했다. 자연을 능가하려는 인간의 허영심을 조롱하기 위해 유리 벽을 즐겨 설계했던 건축가답게 가족이 살 집도 넓은 유리창들을 내어 나무와 얼음 그리고 창틀을 흔드는 바람까지 건물의 일부가 되게 했다. 겨울은 자신의 영혼과 떼려야 뗄 수 없다고 포머런스는 생각했다. 미래를 머릿속에 그려볼 때마다 그 그림에 얼음이 없을까 봐, 살을 에는 듯한 코네티컷의 1월 아침 공기가 없을까 봐 걱정되었다. 무엇으로도 대신할 수 없는 자신의 일부가 사라질까 봐 불안했다.

포머런스는 다시 한 번 싸우고 싶었지만 아무리 궁리해도 방법이 떠오르지 않았다. 지난 5년 동안 포머런스는 1970년대의 환경 운동을 이어가기 위해 모든 전략을 동원해보았다. 하지만 제대로 효과를 본 것은 없었다. 이산화탄소 문제는 국가적 의제에 오르지 못했다. 과학자를 비롯한 지성인들, 의회 그리고 전국망을 갖춘 대형 언론사가 아니라면, 과연 누가 행동을 강하게 촉구할 수 있을까? 그는 자신이 해야 할 일이 남아 있다는 것을 알지 못했다. 모두에게 할 일이 남아 있다는 사실도. 그리고 자신이 찾는 답이 웨스트버지니아 농가에서 16킬로미터쯤 위에 높이 떠 있는 구름 너머 하늘에 있다는 사실도 알지 못했다.

행동하는 세계

| 1985년

처음에 그것은 아무런 예고 없이 별안간 하늘에 구멍이 뚫리고 태양이 폭발하여 눈을 멀게 할 강렬한 빛을 사방에 퍼뜨리는 재앙으로 인식되었다. 사람들은 그것을 커다란 고무풍선에 바늘을 찔러 넣은 모양이나 달걀 껍질이 갈라진 것처럼, 혹은 천장에 금이 가 틈이 생긴 것처럼 우리 머리 위에서 시작된 아마겟돈이라고 상상했다. 지구적 차원에서 긴급한 상황이 벌어진 것이다. 오존층에 구멍이 뚫렸다!

첫 경적은 영국 정부 소속의 한 과학자 팀이 울렸다. 그때까지 별로 주목받지 못했던 이 팀이 하는 일은 아르헨티나 제도에도 있고, 대륙에서 떨어져 나와 매년 약 0.4킬로미터의 속도로 바다를 표류하는 판빙 위에도 있던 남극의 연구 단지를 주기적으로 방문하는 것이었다. 두 연구 단지에 1920년대에 발명된 커다란 슬라이드 영사기를 닮은 도브슨분광광도계Dobson spectrophotometer를 하늘을 곧장 응시하도록 설치하고 그 기계가 관측한 결과를 살펴보는 것이 이들의 임무였다. 몇 년에 걸친 관측 끝에 이 과학자 팀은 믿기지 않을 결과에 경악을 금치 못했다. 그리고 마침내 1985년 〈네이처〉 5월 호에 자신들이 얻은 증거를 발표했다. 이들은 "남극대륙의 봄철 오존O$_3$ 밀도가 심각한 수준으로 떨어졌다"고, 다소 모호한 결론을 내렸다. 하지만 결과가 발표되자마자 언론사와 방송사가 앞다투어 전하기 시작했고, 몇 달이 지나면서 이 소식은 피부암 발병률 증가, 세계적인 농업 생산량 급감, 해양 먹이사슬의 첫 번째 고리인 치어稚魚의 집단 폐사와 같은 실질적인 공포로 돌변했다. 급기야 면역계 약화와 실명에 대한 우려까지 거론되었고, 한 활동가는 오존층에 뚫린 구멍을 "하늘에서부터 번지는 AIDS"에 비유하기도 했다.

이러한 긴박한 공포감은 "오존층에 뚫린 구멍"이라는 은유를 섞어 자비롭게 표현한 문구에서 전적으로 비롯된 것처럼 보였다. 하지만 실제로 하늘에는 구멍도 층도 존재하지 않았다. 자외선으로부터 지구를 보호하는 오존은 주로 중앙 성층권에 넓게 분포하고 있으며 밀도도 15피피엠을 넘지 않는다. "구멍" 역시 남극대륙 위의 오존 농도가 급격히 감소하여 1년에 두 달가량 오존이 일시적으로 희박해지는 현상을 빗댄 표현이었다. 하지만 실제로도 오존의 밀도를 찍은 위성사진에서 이 부분은 검게 나타난다. 1974년에 이를 발견했던 화학자 중 한 명인 프랭크 셔우드 롤런드 Frank Sherwood Rowland가 1985년 11월 한 대학의 강의에서 "오존 구멍"을 언급했는데 그때부터 이 문구가 오존 위기를 상징하는 용어가 되었다. 롤런드의 강의가 있던 바로 그날 〈뉴욕 타임스〉가 이 단어를 기사에 실었고, 과학 저널들에서 한사코 사용을 거부했음에도 1년 만에 "오존 구멍"은 대체 불가한 표현이 되고 말았다. 이로써 오존 위기는 구멍을 하나의 상징이자 표시로 갖게 되었다.

오존층 파괴의 주범이 냉장고와 스프레이 통의 냉각제나 스티로폼이라고 알려진 플라스틱 폼의 발포제로 쓰이는 염화불화탄소 화합물(이하 CFCs)이라는 사실은 롤런드와 그의 동료 마리오 몰리나 Mario Molina가 이미 밝혀냈다. 이 화합물이 대기 중으로 날아가 오존과 만나면 오존 분자를 쪼개버린다. 오존 문제가 온실가스 문제와 밀

접하게 연결되어 있다는 사실도 밝혀졌다. 제임스 핸슨이 계산한 바에 따르면 CFCs는 1930년대 이후부터 대량으로 생산되었음에도 1970년대 발생한 지구온난화의 유발 원인에서 절반 가까운 비율을 차지했다. 하지만 사람들이 CFCs를 걱정하는 진짜 이유는 온난화를 일으켜서가 아니라 실명의 원인이 될 수 있기 때문이었다.

유엔은 1977년에 두 정부 간 기관(유엔환경계획United Nations Environment Programme, UNEP과 세계기상기구)의 협조를 얻어 오존층 행동 플랜World Plan of Action on the Ozone Layer을 신설했다. 1985년에 유엔환경계획은 오존 문제와 관련한 지구적 약속, 정확하게는 오존층 보호에 관한 빈 협약Vienna Convention for the Protection of the Ozone Layer의 틀을 완성했다. 모든 구체적인 CFC 규제 조치에 대해 빈에 모인 협상가들의 동의를 이끌어내지는 못했지만 그로부터 두 달 뒤, 영국 과학자 팀의 남극대륙에 관한 보고서가 발표되자 레이건은 CFC 배출량을 95퍼센트까지 축소할 것을 제안했다. 이는 실로 갑작스럽고도 놀라운 반전이었다. 몇 달 전, 국립천연자원보호위원회National Resources Defense Council는 대기오염 방지법 시행의 책임을 지고 있음에도 단속 규정 하나 제대로 발의하지 못하는 환경보호국을 제소했다. 권력을 손에 쥔

뒤부터 레이건 행정부는 '책임 있는 CFC 정책을 위한 동맹Alliance for Responsible CFC Policy'의 주장을 충실하게 되풀이했다. 이 동맹은 이름에 **냉각**이라는 단어가 들어가거나 그와 관련된 제품을 생산하는 기업, 화학물질을 제조하고 소비하는 기업, 플라스틱류나 펄프류, 냉동식품을 생산하는 기업 들이 주축이 되어 1980년에 설립한 일종의 로비 집단이다. 듀퐁Dupont을 비롯해 미국석유협회와 미시즈 스미스 냉동식품 회사Mrs. Smith's Frozen Food Company 등 미국 내의 거의 모든 기업이 회원이었다. 이 동맹이 환경보호국과 의회의 여러 의원들, 필요하다면 레이건까지 끈질기게 따라다니며 주장했던 메시지는 하나였다. CFCs에 대한 추가 규제를 정당화하기에는 과학적 증거가 너무 불확실하다는 것. 그런데 국민 전체가 "오존 구멍"을 알게 되자, 모든 관련 기관과 현직 상원의원 전원이 협약을 위한 유엔의 플랜을 승인하도록 대통령을 압박하기에 이르렀다. 결국 레이건은 상원에 빈 협약 비준 동의서를 제출했다. 미국이 "선도적 역할"을 한다는 것이 자랑스럽다는, 믿기지 않을 말도 덧붙였다.

유엔환경계획과 세계기상기구의 고참 회원들은 오존 문제 대처 방식을 이산화탄소 문제에도 적용해볼 수 있지 않을까 고민하기 시작했다. 이 두 조직은 1970년대 초반부터 6개월마다 지구온난화 관련 학회를 꾸준히 열었다. 그런데 1985년 남극대륙에서 비보가 날아온 지 몇 달 만에 케른텐주 필라흐시에서 열린 학회는 나른하고 지루했던 여느 때와 달랐다. 29개 국가에서 참석한 89명의 과학자들이 전문 분야와 아주 동떨어진 주제를 놓고 열띤 논쟁을 시작한 것이다. 그 주제는 바로 정치였다.

가장 중요하고 의미 있는 대화는 온갖 발표와 설명으로 몇 시간 동안 진행된 학회가 아니라, 오스트리아의 국민 와인 츠바이겔트와 블라우프랭키시를 몇 잔씩 주고받던 선술집과 알프스 산기슭이 파노라마처럼 펼쳐진 호텔 포스트의 테라스에서 오갔다. 학회를 창단한 로저 레벨과 마나베 슈쿠로, 토머스 말론 같은 원년 멤버와 고참 회원들은 끔찍한 예언에 워낙 많이 단련이 된 터라 웬만한 일에는 놀라지도 않았다. 하지만 신입 회원들은 위험의 심각성을 듣고 경악했다. 회원 대다수가 현실적인 문제를 우려했다. 아일랜드의 한 수문학자는 자기 나라에 있는 댐들의 위치를 재고해야 하는지 걱정했다. 네덜란드의 해안공학자는 최근 홍수로 무너진 제방들을 재건하는 데 필요한 지혜를 구했다. 그리고 학회 회장이자 온타리오주 출신의 겸손하고 실리적인 수문기상학자 제임스 브루스James Bruce가 던진 질문에 회의장 전체가 술렁거렸다.

브루스는 캐나다의 환경 관련 부처 장관이었는데, 레이건이 백악관을 차지하면서 미국의 경쟁자들이 기권하자 학회는 그에게 회장직을 수여했다. 필라흐로 오기 얼마 전에 브루스는 지방의 댐과 수력발전소를 감독하는 관리자들을 만났다. 좋습니다. 과학자 여러분 말씀이 옳다마다요. 기후가 변하고 있다는 사실에 저희도 동의하겠습니다. 그런데 말입니다. 대체 그 기후가 어떻게 변하는지 말씀을 해주셔야죠. 20년 뒤에는 어디 이름 모를 동네에만 비가 내린답니까?

브루스는 관리자들이 했던 질문을 필라흐 학회 참석자들에게 던졌다. 자, 여러분, 여러분이 바로 그 전문가입니다. 제가 관리자들에게 뭐라고 대답해야 할까요? 우리는 기후변화에 대해 몇 년째 탁상공론만 계속해왔습니다. 사람들은 메시지를 기다립니다. 현실적인 지침을 원하고 있습니다. 어떻게 하면 우리 과학의 세계가 현실의 행동하는 세계와 대화를 시작할 수 있을까요?

행동하는 세계. 위엄 있고 전문적인 집단에 속한 것에 자부심을 느끼는 과학자들로 가득 찬 학회장은 브루스가 던진 질문으로 크게 술렁였다. 학회 측이 마련한 교외 버스 관광 시간에 로저 레벨과 나란히 앉은 브루스는 차창 밖으로 보이는 알프스의 장관 따위는 무시한 채, 실존적 위기가 닥치기 전에 과학자들이 정치적 대책을 강력히 요구해야 하지 않겠느냐고 열변을 토했다.

며칠 사이에 주목할 만한 변화들이 일어나기 시작했다. 그중에서도 토머스 말론이 보여준 변화는 단연 최고였다. 말론은 한 해 전만 해도 국립과학아카데미 편을 들며 기후변화에 대해 행동을 취할 필요가 없다고 의회를 다그쳤던 사람이었다. 필라흐 학회 마지막 날. 말론은 동료들 앞에서 속죄했다. "1년 아니 어쩌면 그보다 더 오래된 저의 견해를 뒤집어야 할 것 같습니다." 그는 말을 이었다. "저는 온실가스, 기후변화, 에너지에 관한 협약의 틀을 짜는 길고 지루하고 민감한 임무를 시작해야 할 때라고 생각합니다." 학회장 여기저기서 수군거리는 소리가 들렸다. 말론으로 말할 것 같으면, 과학계의 입장에서 신뢰할 만한 기준점 같은 존재였다. 따라서 말론이 과학자들이 정책을 지지해야 한다는 견해로 돌아섰다면, 그를 따른다고 해도 급진적인 사람으로 보일 염려가 없을 터였다. 제임스 브루스가 자리에서 일어나, "화석연료 소비에서 근본적이고 완전하게 전환했을 때 발생하는 비용과 이득"을 (설령 우리가 밥줄을 걱정해야 할 지구물리학자일지라도) 진지하게 논의해야 할 때라고 선언했다.

필라흐 학회가 내놓은 공식 보고서에는 과학계에서 다룬 적 없는 가장 강력한 경고들이 포함되었다. 지금까지 국가들이 채택한 주요한 경제 정책은 대부분 과거의 기후 조건이 미래를 예측하는 신뢰할 만한 지표라는 전제에 기반을 두었다는 점을 보고서에서는 지적하고 있었다. 미래는 과거와 전혀 다른 모습일 것이라는 점도 언급했다. 비록 어느 정도의 온난화는 불가피하겠지만, 과학자들은 재앙의 범위가 적극적이고 조직적인 정부 정책들에 "크게 좌우될 수" 있다는 데에 동의했다. 다행히 앞서 체결된 오존 조약이 또 하나의 새로운 국제 협력을 이끌어낼 가능성을 열어놓았다는 말도 빼놓지 않았다. 구멍 난 풍선은 헝겊을 덧대 기우면 되고, 갈라진 달걀 껍질에는 붕대를 감고, 금이 간 천장은 석고 반죽을 다시 바르면 될 것이다. 아직 시간이 있으니까.

10월의 오존

**1985년 가을
— 1986년 여름**

1985년 가을, 환경 및 공공사업 상원위원회Committee on Environment and Public Works 의 공화당 측 위원 커티스 무어Curtis Moore는 레이프 포머런스에게 온실효과는 문젯거리가 될 수 없다고 말했다.

가까스로 화를 억누르고 포머런스는 그 말에 동의할 수 없노라고 말했다.

물론 무어도 그것이 (문명의 존망이 달려 있고, 무엇보다 바다가 증발해버린다고 하니) 실존적인 문제임은 분명하다고 인정했다. 하지만 **정치적인** 문젯거리는 아니라는 것이다. 왜 그런가 하면, 정치적인 문제에는 그에 맞는 해결책이 있기 마련인데 기후 문제에는 마땅한 해결책이 없기 때문이라는 것이다. 해결책이, 그것도 아주 명확하고 실행 가능한 해결책이 없으면 어떤 정책도 실패할 수밖에 없다. 투표로 선출된 정치인 중에 실패할 게 빤히 보이는 일에 엮이길 원하는 사람은 없다. 그래서 우리 행성을 망가뜨릴 위험일지라도 그것이 주거 범위 밖에 있다면 대다수 정치인들은 문제로 인정하지 않는다. 그 말은 곧, 포머런스가 대단히 크고 곤란한 문제를 안고 있다는 의미였다.

　포머런스는 오존 문제가 급부상한 과정을 감동과 애증이 섞인 눈길로 지켜보았다. 그는 이 성공이, 그리고 오존 조약이 뜻밖에도 기후변화를 늦추기 위한 세계의 첫 번째 행동이 될 수도 있다는 생각에 전율했다. 오존 조약의 성공은 포머런스에게 특별하고도 중대한 과제를 안겨주었다. 1년여간의 요양 생활을 마친 뒤, 그는 미국 최초이자 유일한 지구온난화 전문 로비스트가 되었다. 고든 맥도널드의 제안으로 그는 세계자원연구소World Resources Institute, WRI에 합류했다. WRI는 카터 대통령 정부의 환경위원회 위원이었고 국립천연자원보호위원회 창립자인 제임스 구스타브 스페스James Gustave Speth의 주도로 설립된 비영리 단체였다. 지구의 벗과 달리, WRI는 운동가들의 단체가 아니었다. 정치와 국제 외교, 에너지 정책 전문가가 묘하게 뒤섞여 있었고, 자문 위원회에는 노련한 환경 운동가뿐 아니라 다우 케미컬 Dow Chemical 과 엑슨의 간부들도 있었다. WRI의 임무가 워낙 방대하다 보니 포머런스가 지구온난화를 해결하기 위한 정책을 개발해도 어느 한 사람 간섭하지 않았다. 유일한 걸림돌은 의회 사람들이 죄다 오존에만 신경을 쓰고 있다는 점이었다.

커티스 무어가 한 가지 제안을 했다. 오존을 이용해서 이산화탄소를 되살리자. 오존 구멍은 유엔의 든든한 후원을 바탕으로 이미 교섭에 들어간 국제조약으로 해결책을 찾았다. 고속 열차 꽁무니에 우유 마차를 매달면 안 된다는 법이라도 있나?

포머런스는 회의적이었다. 두 문제는 서로 관련이 있는 것이 분명했다. CFCs 배출량을 줄이지 않으면 급격한 지구온난화를 피할 기회조차도 없다. 하지만 포머런스는 정치인과 언론인에게 이산화탄소 문제를 이해시키는 일이 얼마나 어려운지 뼈저리게 알고 있었다. 하지만 일단 물건만 팔면 될 걸 괜히 구구절절 복잡한 설명을 늘어놓을 필요가 있을까? 이번에도 포머런스는 자신이 무슨 선택을 했는지 정확히 알지 못했다. 당시 상원은 공화당이 주무르고 있었고, 무어는 그 상원의 환경위원회 위원이었다.

　　무어는 자신의 임무를 해냈다. 그는 포머런스와 구스타브 스페스 그리고 상원의 환경오염 관련 소위원회 회장이었던 로드아일랜드주 출신의 공화당 상원의원 존 채피가 만날 자리를 마련했다. 포머런스와 스페스는 오존과 이산화탄소 문제를 동시에 다룰 이중 청문회를 열자고 존 채피를 설득했다. 1986년 6월 10일과 11일 이틀에 걸쳐 열릴 청문회에서 프랭크 셔우드 롤런드, 나사의 로버트 왓슨 그리고 CFC 배출 규제를 위한 국제 교섭을 이끌던 리처드 베네딕Richard Benedick이 오존 문제를 진술할 증인이었고, 제임스 핸슨, 앨 고어, 조지 우드웰, 차니 팀의 일원이었던 카를 분취가 기후변화에 대해 증언할 터였다. 첫 번째 증인이 등장하자마자 포머런스는 무어의 직감이 옳았다는 것을 깨달았다. 오존 팀은 정말이지 환상적이었다.

　　로버트 왓슨은 청문회장의 불을 모두 껐다. 후줄근한 프로젝터 스크린 위로 잡음이 섞인 저예산 슬래시 무비 같은 영상이 흘렀다. 첫 화면은 나선형의 구름들로 군데군데가 가려진 남극대륙의 조감도였다. 어찌나 실제 같았는지 채피는 위성으로 찍은 사진이냐고 물었다. 왓슨은 위성 관측을 토대로 **제작**하긴 했으나 사실은 데이터를 이미지로 나타낸 시뮬레이션이라고 대답했다.

정확히 말하면 애니메이션이었다. 7년이라는 기간 동안 (다른 달들은 편의상 다 생략하고) 오존 밀도가 가장 급격하게 낮은 10월의 하늘만을 저속 촬영 기법으로 보여주는 3분짜리 영상이었다. 영상 제작자는 영리하게도 "오존 구멍"을 분홍색으로 표현했다. 해가 빠르게 바뀌면서 극소용돌이가 미친 듯 회전하는 모습과 함께 분홍색 얼룩이 출렁이듯 팽창하더니 급기야 남극대륙의 대부분을 삼켜버렸다. 오존의 밀도가 옅어질 때마다 얼룩의 색깔은 점점 더 진한 담자색으로 변했고, 마지막에는 과다출혈 상처처럼 짙은 보라색이 되었다. 물론 이 영상이 보여주는 데이터는 새로운 게 아니었지만, 지금까지는 데이터를 영상으로 만들 생각을 그 누구도 해본 적이 없었다. 롤런드가 일찍이 보여주었던 이미지가 범죄 현장을 찍은 사진이었다면, 왓슨의 영상은 범죄를 저지르고 있는 살인자의 모습을 포착한 몰래카메라인 셈이었다.

포머런스가 기대했던 바와 같이, 오존층에 대한 공포는 언론들이 앞다투어 청문회를 머리기사로 다루기에 충분했다. 포머런스가 우려했던 대로 이 두 가지 위기를 하나로 뭉뚱그려 생각하는 사람도 많았다. ABC 방송 〈월드 뉴

스 투나잇World News Tonight〉의 피터 제닝스Peter Jennings는 청
문회에 상영되었던 영상을 방송으로 내보내면서 오존 구
멍이 "전 세계에 홍수를 일으킬 수 있을 뿐 아니라 가뭄과
기근도 초래할 것"이라고 경고했다.

이런 혼동이 전혀 쓸모없지만은 않았다. 〈변화하는
기후〉 보고서가 발표된 이후, 처음으로 10여 개의 언론에
서 일제히 지구온난화를 머리기사로 다루었다. 윌리엄 니
런버그의 "단순한 경고일 뿐 두려워할 건 없다"는 선언은
경고 없는 공포로 바뀌었다. "무시무시한 예언: '온실'이 될
지구(〈워싱턴 포스트〉 1면)", "지구를 데우는 열파로 재앙을
예언한 과학자들(〈시카고 트리뷴Chicago Tribune〉)", "지구온난화
속도가 더 빨라질 것이라는 예언(〈뉴욕 타임스〉)". 지구온난
화를 다룬 청문회 이틀째 날에는 전 좌석이 다 찬 것도 모
자라 창턱에도 여러 명이 엉덩이만 걸치고서 다닥다닥 붙
어 앉기도 했다.

스페스와 포머런스는 채피에게 더 많은 연구가 필요
하다는 등의 빤한 이야기는 생략하고 곧바로 행동을 촉구
할 것을 제안했다. 그런데 채피는 거기서 한술 더 떠, 지구
의 기후와 관련해 한목소리를 낼 수 있도록 정부가 소련과
협상을 시작해야 한다고 주장했다. 1년 전이라면 상상도

하지 못했으나, 오존 소동을 계기로 환경문제를 국제적으로 다룰 수 있다는 (세계 정상급 지도자들이 먼저 만나 합의를 이끌어내고 이어서 실무자들이 만나 구속력 있는 조약의 틀을 짜서 성공시킨) 선례도 있으니 아주 불가능한 제안은 아니었다.

연방 정부의 퇴보와 침묵을 3년이나 지켜봐야 했던 포머런스는 하룻밤 새 기후 문제에 대한 관심이 폭발적으로 증가한 것을 보며 마음이 들떴다. 어디 그뿐이랴, 해결책이 구체화되고 윤리적 논쟁에도 역시나 로드아일랜드의 공화당 상원의원 덕분에 불이 붙기 시작했다. "오존 감소와 온실효과는 더 이상 과학적 논쟁으로만 다뤄서는 안 됩니다. 세계 모든 국가가 당면한 중대한 문제이며 해결책을 강구해야 합니다." 채피가 말했다.

더 많은 연구가 필요하다는 오래된 낭설은 우드웰뿐만 아니라 포머런스의 WRI 동료 앤드루 맥과이어Andrew Maguire, 상원의원 조지 미첼George Mitchell에게 노골적인 조롱거리가 되었다. 프린스턴대학의 역사학자 테오도르 랍Theodore Rabb은 "과학자라도 100퍼센트 확신을 갖는 건 불가능합니다"라고 증언했다. 제임스 핸슨은 미리 준비한 진술서에 다음과 같이 덧붙였다. "심지어 뉴턴도 틀렸다고 판명 났습니다. 규정하기조차 어려운 완벽한 확신이라는 개

념을 추구한다는 것 자체가 말이 안 됩니다." 그리고 이어서
"온실 이론을 뒷받침하는 증거는 과학적 관점에서도 이미
차고 넘칩니다"라고 했다. 1979년부터 포머런스가 외쳐왔
듯, 행동할 시간은 지났다. 지금에 와서야 이런 주장이 널리
인정받으니까 나서서 반대하는 사람이 없는 것뿐이었다.

　　오존 구멍이 대중을 불안하게 만든 까닭은 지구온난
화보다 눈으로 살피기 어려움에도, 모두 그 구멍의 존재를
시각적으로 확인했기 때문이었다. 사람들은 비디오테이프
에 담긴 오존 구멍의 이미지를 보았고, 오존 구멍이라는 은
유는 감정을 건드렸다. 쌀쌀한 날씨로부터 식물을 보호하
기 위해 지은 유리 건물을 떠올리는 (게다가 그 안의 모든 식물
이 무성하다는 관념을 억지로 지워야 하는) 수고 대신에, 구멍은
하늘이 난폭하게 뚫리고 치명적인 방사선이 쏟아져 들어
오는 장면을 즉각 떠오르게 한다. 신문들은 자외선 차단제
사용에 각별히 더 신경 써야 한다고 권고했다. 미국인들은
자신들과 아이들의 삶이 위태로워졌다고 생각했다. 추상적
이고 광활한 대기 문제는 사람의 상상력 범위 안에 들어올
만큼 또렷해지고 작아졌다. 인식하기에 딱 적당하게 작고,
돌파구가 시급할 만큼 딱 적당하게 큰 구멍이 된 것이다.

뉴욕주, 뉴욕시에 거주하는
대기과학자

**1987년 가을
— 1988년 봄**

〈변화하는 기후〉가 발표되고 네 해가 흘렀고 오존 구멍이 하늘을 찢어 갈라놓은 지 두 해가 지났으며 미국을 비롯한 30개 이상의 국가들이 CFCs 사용을 제한하는 조약에 서명한 지도 한 달, 이제 기후변화 군단이 파티를 준비할 차례였다. 기후변화 문제가 국제법 수준으로 승격한 오존의 전례를 따르는 것이 당연한 수순처럼 여겨졌다. 레이건 정부의 환경보호국 국장 리 토머스Lee M. Thomas는 오존층 파괴 물질에 대한 몬트리올 의정서Montreal Protocol on Substances That Deplete the Ozone Layer에 서명한 날, 기자들 앞에서 지구온난화 역시 이와 유사한 국제적 협의의 대상이 될 수 있다고 여러 차례 말했다. 정치적 동력의 스위치가 켜진 셈이었다. 이제 오존 문제는 "수습되기" 일보 직전이었고, 기후 문제는 또 한 번 의회에서 청문회를 열 수 있는, 논란의 여지도 없고 관심과 우려를 이끌어내고 머리기사를 차지할 수 있을 뿐 아니라 미국의 힘과 웅대한 도덕성을 드러낼 수 있는 대중적인 사안으로 부상했다. 1987년 한 해 동안 기후 관련 청문회는 국회의사당 회의실 두 곳에서 세 위원회 주최로 여덟 번 열렸다. 델라웨어주 민주당 상원의원 조세프 바이든Joseph Biden은 공식적인 국가 기후변화 전략 수립을 위한 법안을 제출했다. 그리고 10월 27일 제임스 핸슨은 국회의사당에서 한 블록 떨어진 뉴저지 애브뉴 퀄리티 인의 특별할 것 없는 대연회장에서 '기후변화에 대비하여'라는 주제로 열린, 결혼 피로연 같은 분위기가 물씬 풍기는 학회에 참석했다.

학회 분위기를 고취시킨 사람은 주최자였던 존 타핑John Topping이었다. 타핑은 보수적인 록펠러 공화당 당원이자 닉슨 재임 중 상무부 변호인이었고 레이건 재임 중에는 환경보호국 임원이었다. 1982년 환경보호국에서 기후 문제에 대해 처음 보고를 받은 타핑은 핸슨을 찾아가 개인적으로 가르침을 받을 만큼 열의가 있었다. 타핑은 3,000명이나 되는 환경보호국 직원 중에서, 다른 모든 환경문제들을 다 합한 것보다 국가의 장기적인 안정에 훨씬 더 큰 영향을 미칠 게 분명한 기후와 관련된 업무를 하는 사람이 고작 7명이라는 사실에 대경실색했다. 심지어 레이건이 앤 고서치 후임으로 환경보호국 국장에 임명한 냉정하고 침착한 윌리엄 럭켈스하우스William Ruckelshaus가 1984년에 두 차례의 연설에서 화석연료 의존도를 줄이지 못하면 "예상 밖의 충격적인 위기가 연달아" 찾아오고 "우리가 아끼는 모든 것을 위협할" 수 있음을 인정했는데도 말이다. 타핑은 환경보호국을 사직하고 과학자와 정치인, 기업가 들을 연합해 기후 문제를 해결하기 위한 비영리 단체인 기후연구소Climate Institute를 설립했다. 그는 환경보호국 시절부터 친분이 있던 BP 아메리카BP America, 제너럴 일렉트릭General Electric, 미국가스협회American Gas Association로부터 15만 달러를 가뿐하게 모금하여 학회 비용을 마련했다. 산업 분야의 친구들은 큰 관심을 보였다. 타핑 같은 사람이 온실 사업을 중요하게 생각한다면, 업계에서는 일단 그게 정확히 무엇인지 정도는 알아두는 게 좋을 테니까.

연회장을 둘러보면서 제임스 핸슨은 나무둥치의 나이테처럼, 10년 뒤에 기후 문제가 차근차근 동심원을 넓히면서 성장하는 모습을 그려보았다. 연회장 한가운데에는 고든 맥도널드와 조지 우드웰 같은 노장들과 환경생물학자 스티븐 슈나이더가 있었다. 의회의 여러 과학 위원회들에서 발표자로 나온 (톰 그롬블리, 커티스 무어, 앤서니 스코빌과 같은) 전, 현직 위원이 그들의 조언을 들을 준비가 된 (존 채피, 조지 미첼, 조지 브라운George Brown과 같은) 의원에게 소개되었다. 핸슨의 약삭빠른 천적 프레드 쿠마노프도 소련과 서유럽의 대표단과 함께 그 자리에 있었다. 사람들 틈으로 레이프 포머런스의 뒤통수도 보였는데 여느 학회에서와는 달리, 자금 조달을 보장하지 못하는 모호한 문제에는 콧방귀도 뀌지 않던 다른 환경 단체들의 동료들이 그를 에워싸고 있었다. 하지만 이 파티에서 가장 눈에 띄는 신입 회원은 가장 바깥쪽 동심원을 이루고 있는 석유 및 가스 관련 업계의 경영진들이었다.

〈변화하는 기후〉 보고서 발표 이후 줄곧 침묵했던 엑슨을 비롯해 가스 리서치 인스티튜트Gas Research Institute, 전력망 무역 업계의 사절들이 참석한 것은 그리 놀랍지도 않았다. 그들을 학회에 초대한 사람은 미국석유협회 임원들이었다. 미국석유협회는 그해 봄에 휴스턴에서 열린 연례 세계 학회에도 재생에너지로의 전환을 지지하는 고위급 정부 과학자를 초대한 바 있었다. 그 학회의 주제는 '온실효과의 실체'였다. 심지어 책임 있는 CFC 정책을 위한 동맹의 대표이자 오존 조약 무효 운동의 간판이었던 리처드 바넷Richard Barnett도 그 자리에 있었다. 바넷의 퇴각은 굴욕적이고도 신속했다. 당시 CFCs 제조에서 단일 기업으로서는 세계 최대 기업이었던 듀퐁은 다른 화학물질로 CFCs를 대체해도 이윤을 얻을 수 있다는 사실을 인지하자마자 CFCs의 단계적 금지를 지지한다는 선언을 〈뉴욕 타임스〉에 전면 광고로 실었다. 그러자마자 책임 있는 CFC 정책을 위한 동맹도 돌연 입장을 바꾸어 레이건에게 가능한 한 신속하게 조약에 서명할 것을 촉구하고 나섰다. 지금 퀄리티인 연회장에 있는 바넷은 로버트 프로스트Robert Frost의 〈가지 않은 길The Road Not Taken〉을 들먹여가며 자신은 진심으로 기업과 환경 운동가 들이 하나의 길을 걷길 바라고 있고, 모두 "몬트리올 의정서의 영광에 동참하자"고 주장했다. 오래된 대연회장에는 250명이 넘는 사람들이 모였는데, 만약 이 동심원이 여기서 조금 커지면 더 큰 호텔을 예약해야 할 판이었다.

폭풍우가 거세게 쏟아지던 그날 저녁, 레이프 포머런스는 목적과 명분이 다른 여러 단체와 조직이 협력해야 한다고 열띤 연설을 했고, 존 채피와 로저 레벨은 상을 받았으며, 사람들은 서로 인사를 나누며 명함을 주고받았다. 핸슨의 연구 결과에 대한 진지한 프레젠테이션조차도 들뜬 분위기를 가라앉히지 못했다. 이튿날 저녁, 캐피털 힐에 있는 타핑의 타운하우스에서 열린 활기찬 디너파티에서 석유 및 가스 업계 쪽 사람들은 환경 운동가들과 농담을 나누었고, 전력망 무역 업계 대표들은 단속 기관 공무원들과 수다를 떨었으며, 국립과학아카데미 과학자들은 기분에 취하고 술에 취했다. 소련 기후학의 대부나 다름없는 미하일 부디코Mikhail Budyko는 타핑의 열 살 난 아들과 지구온난화에 관한 대화에 푹 빠져 있었다. 이 모든 것이 대타협의 시작처럼, 다시 한 번 우아하게 전열을 가다듬는 것처럼, 쉽게 말해 해결책을 찾은 것처럼 보였다.

대연회장의 분위기가 얼마나 낙관적이고 즐거웠던지 핸슨은 일주일 뒤에 열릴 행사를 거절하고 싶은 마음까지 들었다. 바로 에너지 및 천연자원 위원회Committee on Energy and Natural Resources가 주최한 청문회였는데, 이번에는 온전히 기후변화만 다룰 예정이었다. 레이프 포머런스와 고든 맥도널드가 기후 문제가 석유 및 가스 업계의 미래에 중대한 영향을 미칠 것이라고 위원회 위원장이자 루이지애나주 민주당 의원인 베넷 존스턴Bennett Johnston을 설득한 덕분에 열리게 된 청문회였다. 핸슨은 연방 정부의 피고용자 자격으로 의회에서 증언하기까지 거쳐야 하는 관료 체계의 성가신 절차들에 이골이 나 있었다. 우선 청문회 전에 핸슨은 공식적인 진술 내용을 자신의 소속 기관인 나사 본부에 제출해야 하고, 나사 본부에서는 이 진술서를 백악관 산하의 관리예산실Office of Management and Budget로 보내 승인을 받아야 한다. 진술서에 핸슨은 "온실효과로 인한 주요한 기후 변화는 불가피하다"고 적었고, 이어서 "2010년까지 (모든 시나리오에서) 전 지구적 온난화는 실재적이며 불가피하다"고 기록했다. 지금까지는 청문회 전 절차가 형식적인 것에 불과해 보였다. 그런데 월요일로 예정된 청문회를 며칠 앞둔 금요일 밤에, 핸슨은 백악관으로부터 진술 내용을 수정할 것을 통보받았다.

수정해야 하는 마땅한 이유도 알려주지 않았다. 핸슨은 백악관이 어떤 권리로 과학적 발견을 검열할 수 있는지 납득할 수 없었다. 핸슨은 나사의 법무팀 관리자에게 백악관의 요청을 거절하겠다고 말했다. 그래서 증언을 할 수 없다면, 그러겠노라고.

나사 법무팀 관리자에게 한 가지 묘안이 떠올랐다.

관리예산실은 정부 측 증인을 승인할 권리는 있지만, 일반 시민을 검열할 수는 없다는 점을 이용하자고 핸슨에게 말했다.

11월 9일에 열린 청문회의 증인 목록에 핸슨의 이름은 어쩌다 발목이 잡혀 더크슨 빌딩에 들어오게 된 망원경 덕후 쯤으로 보이기에 충분한 "뉴욕주 뉴욕시에 거주하는 대기 과학자"라는 신분으로 올라가 있었다. 핸슨은 모두▐頭 발언에서, 중서부 출신의 내성적인 성격이 허락하는 수준에서 아주 조심스럽게, 이 상황의 불합리성을 강조했다. "진술을 시작하기에 앞서, 저는 원래 나사 고다드연구소에서 스페이스 스튜디오를 감독하고 있지만 오늘 이 자리에는 일반 시민으로서 출석했음을 밝히고자 합니다." 그리고 기후 모델링에서 자타 공인 세계 최고 중 한 사람이고 지난 10여 년간 온실효과를 입증할 결정적인 증거들을 발견한 장본인이라는 사실을 생각해낼 수 있는 가장 절제된 용어로, "지구 기후 연구 경험이 10여 년이고, 다른 행성의 대기 연구와 조사에도 10년 이상 몸담았던" 사람이라고 에둘러 말했다.

핸슨은 상원의원들 중 적어도 한 명은 이런 별난 자기소개를 듣자마자 질문을 던지리라고 예상하고 그에게 들려줄 세련되고 점잖은 답변도 준비해 갔다. 그는 나사의 동료들이 인정한 결론임에도 백악관은 자신에게 사실을 왜곡하여 거짓 진술을 하도록 압력을 넣었다고 말할 작정이었다. 핸슨의 계산대로라면 그 발언으로 일대 소동이 일어날 터였다. 하지만 아무도 그의 자기소개에 대해 질문하지 않았다. 그래서 뉴욕시에 거주하는 대기과학자는 준비한 답변을 한 마디도 꺼내지 못했다.

청문회를 마치고 핸슨은 존 타핑과 점심을 먹으며 청문회에서 겪은 일을 들려주었다. 타핑은 핸슨의 입을 막으려는 백악관의 어설픈 시도를 듣고 놀라움을 금치 못했다. 타핑은 "음, 그것 참, 제임스는 위험한 사람이지요. 그를 저지하려면 군대를 소집해야 할 것이오"라는 농담으로 백악관을 조롱했다. 과묵하고 침착하고 파리 한 마리 때려잡지 못할 제임스 핸슨이 국가 안보를 위협한다고 생각하다니, 이거 참 웃지 않을 수가 없었다.

그 뒤로도 몇 달 동안, 기후연구소의 윤택했던 잔고가 바닥을 드러내고도 한참 후까지 핸슨에게는 정부의 검열 논쟁이 따라다녔다. 침묵하려는 욕구가 핸슨을 짓눌렀지만, 심사숙고 끝에 그는 이것이 결코 웃어넘길 일이 아니라고 결론을 내렸다.

처음에 핸슨은 국내 최대 언론들이 지구온난화에 대한 기사를 다루면 정책 결정자들도 상황의 중대성을 인지하고 즉각적으로 행동에 돌입할 거라고 예상했다. 청문회용 진술서가 바로 그 기사를 대신할 것이라고 판단한 핸슨은 국내 언론사에 진술서를 보냈다. 적어도 잠시 동안은 에너지 기업들이 업계의 미래가 처한 위험을 이해하면서 핸슨의 작전에 따라와줄 것처럼 보였다. 하지만 아무 일도 일어나지 않았다. 심지어 몬트리올 의정서와 기후 정책에 대한 초당적 지지라는 정치적 승리를 쟁취했음에도, 지금 핸슨이 깨달은 사실은 연방 정부의 최고위층(이라고 쓰고 백악관이라고 읽는) 사람들 중에 기후 문제가 중대하다는 걸 알면서도 세간의 주목을 받지 않기를 간절히 바라는 이가 있다는 것이었다. 이제 기후 문제는 새로운 국면에 접어든 것처럼 보였다. 지금까지는 무관심이냐 경고냐로 갈라지던 두 진영만 있었다면, 새로운 진영, 즉 적대적인 허무주의 세력이 등장한 것이다. 핸슨은 검열 사건에 대해서 친구나 동료에게도 말을 아꼈지만, 혼자만 아는 이 진실이 그를 불안하게 만든 건 사실이었다.

핸슨이 느끼는 불안에 공감하는 사람은 아무도 없었다. 어느 모로 보나 주요한 정책 수립을 위한 계획들이 신속하게 진행되는 것처럼 보였다. 베넷 존스턴 청문회 이후, 에너지 위원회에 소속된 콜로라도주 민주당 초선 상원의원 티머시 워스Timothy Wirth는 기후변화를 포괄한 패키지 법안, 이른바 지구온난화를 위한 뉴딜 정책을 준비하기 시작했다. 워스는 법률 보좌관 데이비드 하우드David Harwood에게 기후 문제 전문가들을 만나 국가의 에너지 정책을 바꿀 수 있는지 알아볼 것을 부탁했고, 그 첫 번째 전문가로 레이프 포머런스를 추천했다.

1988년 3월, 워스는 20여 명의 공화당 의원을 포함한 41명의 상원의원들과 함께 오존 협약의 선례를 따라 국제조약의 틀을 잡아나갈 것을 요구했다. 미국과 소련은 당시 이산화탄소 전체 배출량의 약 3분의 1을 차지하는 최대 배출 국가였으므로 협상을 이끌 책임도 당연히 이들 두 국가에게 있었다. 레이건은 동의했다. 같은 해 5월, 레이건은 미하일 고르바초프Mikhail Gorbachyov와 함께 지구온난화에 공동으로 대응하겠다는 서약을 포함한 성명서에 서명했다.

그러나 이 서약은 이산화탄소 배출량을 줄이지 못했다. 핸슨은 더 전략적으로 과학자보다는 정치인의 입장에서 생각해야 한다고 판단했다. 워스의 노력에도 국가적으로든 국제적으로든 화석연료 소비를 제한하기 위한 어떤 진지한 계획도 아직 나오지 않았다. 심지어 앨 고어마저 당시에는 이산화탄소 문제에 대한 주장을 철회한 상황이었다. 1987년 서른아홉 살이었던 고어는 대통령 후보 지명전에 출사표를 던졌다. 지구온난화에 대한 유권자의 관심을 끌어모으려는 시도를 했으나 뉴햄프셔주 예비선거에서 인기 몰이에 실패한 뒤에는 아예 언급도 하지 않았다. 지구온난화 대신 그는 팔레스타인 해방 기구Palestine Liberation Organization에 대해 (미국이 그 조직과 협상을 해서는 안 된다고) 말했고, 공립학교의 기도 시간을 (지지한다고) 말했으며, 저소득층 여성을 위한 정부의 낙태 지원금에 대해 (반대한다고) 말했다. 이듬해 4월, 고어는 선거에서 패배했다.

봄에서 여름으로 계절이 바뀔 무렵, 애니크 핸슨은 남편에게서 변화를 발견했다. 안색이 창백해지고 눈에 띄게 마르더니 쇠약해지기 시작했다. 하루 일과를 물으면 핸슨은 얼버무리면서 금세 아이들이 속한 양키스 팀의 경기로 화제를 바꾸곤 했다. 핸슨 자신이 보기에도 요즘 부쩍 신경이 날카로워졌고 말수도 줄었으며 세상과 동떨어져 있었다. 몸은 집에 있지만 마음은 딴 데 간 사람 같았다. 애니크는 대화를 할 때마다 남편이 자신이 하는 말을 건성으로 듣고 있다는 걸 느꼈다. 핸슨이 무슨 생각을 하는지 애니크는 알고 있었다. 자신에게 시간이 얼마 남지 않았다고. 우리 모두에게 시간이 얼마 남지 않았다고.

　1988년 여름으로 접어들자, 시간이 얼마 남지 않았다고 말하는 사람이 핸슨 말고도 더 나타나기 시작했다.

PART 3

믿음대로 볼지어다

1988 — 1989

노르트베이크에서
레이프 토마런스(가운데)와
대니얼 베커(오른쪽)

1989년

© Daniel Becker

겨우 모닥불일 뿐

역사 이래 가장 뜨겁고 건조한 날씨가 이어졌다. 어디를 보아도 무언가가 계속 불타고 있었다. 알래스카에서는 약 8,000제곱킬로미터가 잿더미로 변했고, 미국 서부 쪽에서도 수십 건의 대형 화재가 기록되었다. 옐로스톤 국립공원 또한 약 4,000제곱킬로미터에 이르는 구역이 불에 탔다. 2,500킬로미터 이상 떨어진 시카고에서도 그 연기가 보일 지경이었다.

더스트 볼 이래로 최악의 가뭄에 시달리던 네브래스카는 주 내 모든 기상 관측소의 온도계가 섭씨 37도가 넘는 날이 며칠씩 이어졌다. 캔자스주의 보건 및 환경국^{Kansas}

Department of Health and Environment 국장은 이런 가뭄은 기후변화의 서막일 뿐이며 반세기 안에 나라 전체가 사막으로 변할 수도 있다고 경고했다. 그리넬에 거주하는 한 농부는 "농사에 꽤 많은 어려움이 있지만, 그중에서도 이 빌어먹을 열기, 기후가 99퍼센트는 차지할 겁니다"라고 애타는 심경을 토로했다. 위스콘신 주지사 토미 톰슨Tommy Thompson 은 일부 지역에 불꽃놀이와 실외 흡연 금지령을 내렸다. 폭스강과 위스콘신강은 강으로 배출되는 하수를 흘러가게 할 수 없을 만큼 말라버렸다. 위스콘신 천연자원국Department of Natural Resources 의 한 관리는 "물고기들은 떼죽음당하는데 우리는 사실상 속수무책이다"라고 말했다.

하버드대학은 설립 이래 처음으로 더위 때문에 교문을 닫았다. 뉴욕시의 거리는 녹아내렸고 모기는 네 배나 증가했으며 살인 범죄율은 최고로 치솟았다. "산책마저도 두려운 일이 되었죠. 모두들 아무도 옆에 다가오지 않길 바랄 겁니다." 전직 인질 협상가가 한 기자에게 한 말이다. 로스앤젤레스에서 두 번째로 높은 28층짜리 건물이 화염에 휩싸였고, 소방 당국이 발표한 화재의 원인은 자연발화였다. 습지를 찾아 미국 본토를 떠난 오리들 상당수가 알래스카에 정착했는데, 10만 정도였던 알래스카의 고방오리 개체

수가 150만까지 늘어났다. 어류 및 야생동물 관리국Fish and Wildlife Service의 대변인은 말했다. "바싹 마른 미국의 초원을 떠난 오리들에게 '안도감'의 철자를 물으면 이렇게 대답할 겁니다. 알-래-스-카."

미스 인디애나 대회에 출전한 19명의 미녀가 레인코트를 입고 우산을 들고 레이 찰스Ray Charles의 〈비가 오나 맑으나Come Rain or Come Shine〉를 불렀지만, 비는 내리지 않았다. 민주당 경선에서 앨 고어를 눌렀던 목사 제시 잭슨Jesse Jackson이 일리노이주의 한 옥수수 농장에서 비를 구하는 기도를 올렸지만, 하늘은 묵묵부답이었다. 오하이오 클라이드에서 원예 사업을 하는 클리프 도벨Cliff Doebel은 사우스다코타 로즈버드에 거주하는 수Sioux족 의사이자 주술사인 레너드 크로 도그Leonard Crow Dog에게 2,000달러를 지불했다. 그 대가로 크로 도그는 무려 127번에 걸쳐 기우제 춤을 추었고 공연은 성황리에 마쳤다. "믿음대로 볼지어다." 크로 도그는 클라이드 주민들에게 말했다. "우리 모두를 위한 기회가 있다는 걸 곧 알게 될 것이오." 기우제 춤을 춘 뒤 사흘 만에 비가 내렸다. 강우량은 5밀리미터였다.

텍사스의 농부들은 소에게 선인장을 사료로 먹였다. 미시시피강은 평상시 수량의 5분의 1에도 못 미쳤다. 미시시피 그린빌에서는 1,700여 척의 바지선이 옴짝달싹 못했고, 세인트루이스와 멤피스에도 2,000여 척이 고립되었다. 필라델피아 필리스가 시카고 컵스와 주간 경기를 펼친 베테랑스 스타디움의 구장 온도계는 무려 섭씨 54도까지 올라갔다. 투수가 피칭 기술을 바꾸는 동안 구원투수 토드 프로워스Todd Frohwirth와 포수만 남겨둔 채로, 경기를 하던 선수, 코치, 심판 할 것 없이 라커룸으로 줄행랑쳤다. (프로워스는 승리투수가 되었다.) 6월 21일 클리블랜드 교외의 레이크우드에서 온도가 섭씨 150도가 넘는 타르로 작업하던 지붕 수리공은 비명을 질렀다. "이 사악한 열기가 언제까지 계속되냐고요?"

6월 22일, 기온이 섭씨 38도에 육박하는 워싱턴에 있던 레이프 포머런스는 제임스 핸슨으로부터 전화를 한 통 받았다. 핸슨은 이튿날 아침에 티머시 워스의 주재로 열리는 상원의원 청문회에 증인으로 참석할 예정이었다.

"내일 멋진 언론 보도가 나갈 것 같습니다." 핸슨이 말했다.

그 말에 포머런스는 기분이 살짝 들떴다. 핸슨으로 말할 것 같으면, 언론을 불신하는 경향이 있었고 평소에도 세속적인 관심들에 초연하길 고집해온 사람이었다. "왜 그렇게 생각하시죠?" 포머런스가 물었다.

핸슨은 지구 기온의 최신 데이터를 방금 받았다고 설명했다. 겨우 상반기가 조금 지났을 뿐인데 1988년 기온은 기록을 갱신하고 있었다. 역사상 가장 뜨거운 한 해로 기록될 조건을 거의 충족했다. 예상보다 빨리, 잡음들 틈에서도 신호가 나타나고 있었던 것이다.

"이번에는 아주 강력하게 주장할 작정입니다." 핸슨이 말했다.

상징적인 날씨

1988년 6월

청문회를 하루 앞둔 날 밤, 핸슨은 호텔에서 느긋하게 진술 내용을 검토할 시간을 벌기 위해 워싱턴으로 날아갔다. 하지만 그는 라디오에서 흘러나오는 야구 경기 중계방송 때문에 도무지 집중할 수 없었다. 처음으로 디트로이트 타이거스에 뒤지고 있던 양키스 팀이 디트로이트 구장에서 벌어진 경기에서 완패를 모면하기 위해 사력을 다하고 있었다. 양 팀의 투수 존 칸데라리아John Candelaria와 프랭크 타나나Frank Tanana의 팽팽한 대결로 경기는 연장전에 돌입했다. 핸슨은 진술서를 마무리 짓지 못하고 잠이 들었다.

핸슨은 포머런스에게 이전 청문회가 실패한 가장 큰

원인이, 적어도 검열 같은 걸림돌을 제외하면, 청문회가 열린 달이었다고 말한 적이 있다. 11월. "그렇게 쌀쌀한 날씨에 지구온난화 청문회를 열면 결코 주의를 끌지 못할 겁니다." 핸슨이 말했다. 물론 농담이 아니었다. 하지만 이번에는 그런 걱정 따위는 하지 않아도 될 터였다. 워스 청문회 당일 아침, 핸슨은 눈부신 햇살과 높은 습도, 숨 막힐 듯한 열기에 눈을 떴다. 상징적인 날씨였다. 이날은 워싱턴 역사상 가장 더운 6월 23일로 기록되었다.

청문회에 출석하기 앞서, 핸슨은 나사 본부에서 진행된 회의에 참석했다. 핸슨이 나사 초년생일 때 추종했던 인물인 이챠쿠 라술Ichtiaque Rasool이 새로운 이산화탄소 프로그램을 개시한다고 선언했다. 30명가량의 과학자와 회의실에 앉아 있던 핸슨은 탁자 아래에 진술서를 놓고 계속 손보느라 회의 내용을 건성으로 들었다. 그런데 라술이 새로운 프로그램의 목표가 온난화 신호가 나타나는 시기를 결정하는 데 있다고 말하는 순간, 핸슨은 하던 일을 멈추고 고개를 들었다. "여러분도 모두 아시다시피, 우리가 존경하는 어떤 과학자도 이미 신호가 나타났다는 말을 하지 않았습니다."

핸슨은 라술의 말을 끊었다.

"존경할 만한 과학자인지 아닌지는 잘 모르겠지만, 과학자 하나가 조만간 미 상원의원들에게 그 신호가 나타났다는 말을 하려고 합니다."

다른 과학자들은 놀란 표정으로 핸슨을 바라보았지만, 라술은 핸슨의 발언을 무시한 채 프레젠테이션을 계속했다. 핸슨은 손보던 진술서로 다시 돌아왔다. 그는 진술서에 이렇게 적었다. "온실효과와의 인과관계를 확신할 수 있을 만큼 지구온난화는 충분히 대규모로 진행 중이다." 그리고 이어서 "1988년 한 해만 보더라도, 별안간 이상 저온이 발생하지 않는 한, 현재까지의 기온은 1987년 같은 기간보다 훨씬 더 높다. 1988년은 기상 기록 사상 가장 더운 한 해가 될 것이다"라고 썼다. 핸슨은 "온실효과는 오래전부터 관측되고 있으며, 그로 인해 **지금** 우리 행성의 기후가 변화하고 있다"고 기록했다.

그날 오후 2시 10분, 청문회를 개정할 때 실외 기온은 섭씨 36도가 넘었다. 방송국 카메라 조명이 두 겹으로 에워싼 더크슨 상원 사무 빌딩 366호의 실내 온도도 별로 다르지 않았다. 티머시 워스 의원실에서 무뚝뚝한 나사의 과학자가 '중대한 진술'을 할 예정이라는 소식을 언론사에 미리 전달해둔 덕분이었다. 장사진을 이룬 카메라를 보자 청문회에 참석할 계획이 없던 상원의원들도 보좌관들이 작성한 간략한 논평을 서둘러 검토했다.

청문회 시작 30분 전, 워스가 핸슨을 옆으로 끌었다. 워스는 순서를 바꾸어 핸슨이 첫 번째로 진술하기를 원했다. 그래야 핸슨의 말이 충분히 주목을 끌 수 있을 테니까. 핸슨도 동의했다.

"우리 행성은 단 하나뿐입니다." 상원의원 버넷 존스턴이 진지한 어조로 말했다. "이 행성을 망가뜨린다면 우리는 갈 곳이 없습니다." 몬태나주 민주당 상원의원 맥스 보커스Max Baucus는 유엔환경계획에 이산화탄소 문제에 대한 지구적 처방을 준비할 것을 촉구했다. 핸슨의 진술서를 사전 검토한 아칸소주 민주당 상원의원 데일 범퍼스Dale Bumpers는 "내일 아침 미국의 모든 신문이 머리기사로 다뤄야 한다"고 논평했다. 범퍼스는 정책 수립으로 나아가기 위해서는 언론 보도가 반드시 선행되어야 한다고 강조했다. 그는 "대기로 뭔가를 뿜어낼 물건을 생산하는 기업들과 겨루고 싶은 사람은 없을 것입니다. 하지만 지금 우리가 싸워야 할 대상은 우리의 생존을 위협하는 이 기업들입니다"라고 말했다.

워스는 서 있는 사람들에게 빈 좌석에 앉아달라고 요

청했다. 워스는 날씨에 대해 한마디 하고 넘어갈 절호의 기회다 싶어서 "오늘같이 뜨거운 날에는 앉으나 서나 별로 차이가 없습니다"라고 말했다. 그러고 나서 청문회의 스타 증인을 소개했다.

핸슨은 시선을 노트에 고정한 채 이따금씩 눈썹을 문지르면서 감정이 전혀 담기지 않은 목소리로 진술했다. 그는 "99퍼센트 확실하게" 온난화 경향이 탐지된다고 말했다. 또 상원의원들에게 온난화를 즉각적으로 저지할 수 있는 일을 해야 한다고 권고했다. 하지만 가장 강력한 일침은 청문회가 끝난 뒤 기자들에게 둘러싸여 있을 때 날렸다. "구구절절 늘어놓을 시간이 없습니다. 온난화의 증거는 너무나 강력하고 온실효과는 지금 이 자리에서도 진행되고 있다고 보도하십시오."

언론은 범퍼스의 충고를 따랐다. 핸슨의 증언은 전국적으로 보도되었다. 〈뉴욕 타임스〉는 1면 상단에 "지구 온난화는 이미 시작되었다"라는 헤드라인을 달았다. 더크슨 빌딩 청문회장에 있는 핸슨의 모습은 망판화로, 고광택 지에 인쇄된 사진으로, 고화소 영상으로 어디에서나 볼 수 있었다. 텔레비전 방송국들은 구부정하게 진술서를 내려다보느라 베이지색 양복의 어깨가 구겨진 줄도 모르고 신중하며 단조로운 음색으로 진술서를 읽는 핸슨의 모습을 방송했다. 영화 〈스미스 씨 워싱턴에 가다Mr. Smith Goes to Washington〉의 흑백 포스터를 본뜬 인쇄물도 발행되었다. 카메라맨이 증인석 아래쪽에 거의 드러누워서 올려 찍은 사진 속에서 핸슨은 넥타이를 단단히 여미고 턱에 힘을 준 채 이를 악물고서 어리둥절해하는 상원의원들을 내려다보며 단호한 평결을 내리고 있었다(영화 〈스미스 씨 워싱턴에 가다〉에서 주인공 스미스가 댐 건설을 막고 결백을 주장하기 위해 24시간에 걸쳐 의회 발언을 하는 장면이 있다 ― 옮긴이 주). 처음으로 기후 위기가 '얼굴'을 갖게 된 것이다. 그리고 좌절과 분노, 도덕적 신념이 억눌린 초조하고 흥분된 감정도 함께.

　　그러나 핸슨은 이런 인기와 관심을 음미할 시간이 없었다. 뉴욕의 집으로 돌아왔을 때 그의 아내 애니크는 유방암 진단을 받았노라고 고백했다. 진단을 받은 것은 2주 전이었지만 청문회를 앞둔 핸슨이 당황할까 봐 말하지 못했다고 했다. 청문회 이후 며칠 동안 세상은 제임스 핸슨에 대해 더 많이 알아내려고 애썼고, 핸슨은 애니크의 병에 대해 더 자세히 알아내려고 애썼다. 핸슨은 아내에게 또 다른 의사의 진료를 받게 했다. 처음의 충격에서 헤어난 뒤 핸슨은 유방암으로 열두 살 때 할머니를 여읜 어머니처럼 자신도 아내를 잃을 수 있다는 두려운 마음은 잠시 접고, 자신이 연구에 쏟았던 단호하고 맹렬한 열정으로 애니크의 치료에 매달리기로 결심했다. 핸슨은 고다드연구소에서 나와 집에 머물면서 가사와 아이들을 돌봤다. 유방 엑스선과 초음파 사진도 샅샅이 조사했다. 부부가 함께 치료 방법을 비교하고 의학 데이터를 분석하는 동안 애니크는 핸슨에게서 변화를 감지했다. 지난해 그를 짓누르던 절망감이 사라지기 시작한 것이다. 진료실에서도 핸슨은 침착하고 냉정하게 모든 세밀한 부분들을 신경 썼고 긍정적인 마음가짐을 한순간도 잃지 않았다. 이제야 핸슨이 핸슨답게 보이기 시작했다.

기후변화판 우드스탁

1988년 6월
— 1989년 4월

(핸슨 청문회로 회자되기 시작한) 워스 청문회가 끝나고 곧바로 달아오른 낙관론의 열기 속에서 레이프 포머런스는 국회의사당의 정치인들을 보좌하고 청문회를 기획하며 법안 작성을 돕는 젊은 협력자들을 불러 모았다. 포머런스는 그들에게 숫자가 필요하다고 말했다. 현재 일고 있는 언론의 관심을 정책으로 발전시키기 위해 반드시 필요한 구체적인 목표. 일례로 몬트리올 의정서는 1998년까지 CFC 배출량을 50퍼센트 감소할 것을 목표로 삼았다. 이산화탄소 배출량의 적정 목표는 얼마일까? 세계 여러 국가들에 막연히 좀 더 잘해보자고 권고하는 것으로는 충분치 않았다.

그런 고상한 말이 품위 있게 들릴지는 모르지만 어쨌든 말로는 투자나 법률을 바꾸지 못한다. 강력한 동시에 야심을 자극하면서도 합리적인 목표가 필요했다. 그것도 서둘러 찾아야 했다. 핸슨을 일약 스타로 만들어준 청문회 나흘 뒤에, 〈뉴욕 타임스〉의 필립 샤베코프 Philip Shabecoff가 "기후변화판 우드스탁 Woodstock for climate change"이라고 이름 붙인 '대기 변화에 관한 세계 학회 World Conference on the Changing Atmosphere'가 46개 국가의 정치인들과 300여 명의 과학자들이 참석한 가운데 토론토에서 열릴 예정이었다.

포머런스는 티머시 워스의 기후 법안 설계자였던 데이비드 하우드, 워스의 요청으로 탄소세의 적정 수준을 계산한 바 있던 의회예산실의 로저 다우어 Roger Dower, 에너지 경제에 해박한 세계자원연구소의 동료 어빙 민처 Irving Mintzer와 서둘러 만났다. 워스가 토론토 학회의 기조연설자로, 하우드는 그 연설문을 작성하기로 예정되어 있었다. 숫자를 제안할 절호의 기회였다. 자, 그런데 어떤 숫자를?

포머런스가 생각한 한 가지 안은 **2000년**까지 이산화탄소 배출량을 **20퍼센트** 감축하자는 것이었다.

야심 차다고 하우드가 말했다. 기후 정책을 기획하는 일을 주로 하는 하워드가 보기에 배출량을 그처럼 급격하게 줄이는 게 가능할 성싶지 않았다. 반면에 10년 이상 뒤로 잡은 '2000년'이라는 시기적 목표는 너무 느슨하게 보였다.

진짜 문제는 숫자 자체가 아니라고 다우어가 말했다. 하지만 어쨌든 그들은 숫자를 정했다. 기후 문제를 발전시키려면 강력한 목표로 밀어붙여야 한다는 데에는 다우어도 동의했기 때문이다. 비록 의회예산실에서는 추상적이고 복잡한 정책들을 정확한 수치로 나타내야 하는 업무를 맡고 있지만, 다우어도 이번에는 정확한 숫자를 추출하기 위해 학술적으로 파고들 시간이 없다는 사실을 잘 알았다. 게다가 포머런스가 제안한 비과학적인 숫자가 그에게도 그럴듯하게 보였다.

민처는 포머런스가 제시한 숫자가 에너지 효율에 대한 학술 자료들과도 일치하는 점에 주목했다. 문헌들에서 대부분의 에너지 시스템을 모범적으로 운용했을 때 20퍼센트 정도 효율이 향상될 거라고 말하고 있었다. 물론 배출량 목표를 얼마로 잡든, 개발과 폭발적 인구 증가로 인해 2000년까지 화석연료를 훨씬 더 빠른 속도로 더 많은 양을 소비할 수밖에 없다는 사실을 감안해야만 한다. 하지만 이 계산값은 상용화를 눈앞에 둔 태양과 바람, 지열과 같은 재생에너지 기술들로 어느 정도 상쇄될 것이다. 민처도 이것이 엄격한 과학적 분석에서 나온 계산이 아니라는 사실을 인정하지만, 20퍼센트라는 숫자 자체는 꽤 설득력 있게 보였다. 하기야 지금 우리가 상온 핵융합 문제를 해결하거나 의회에 중력의 법칙을 폐지하라고 요구하는 게 아니지 않은가. 현재 우리 손 안에 있는 지식과 기술의 범위에서 대처할 방법을 찾으면 된다.

게다가 **2000년까지 20퍼센트**라는 문구가 외치기 좋은 구호 같지 않으냐고 포머런스가 말했다.

며칠 뒤 토론토에서 포머런스는 환경 관련 고위 관리, 과학자, 언론인 할 것 없이 만나는 모든 사람들에게 구호와 그에 대한 설명을 들려주었다. 아무도 그를 정신 나간 사람으로 보지 않았다. 포머런스는 고무적인 징조라고 생각했다. 얼마 지나지 않아 마치 자기들이 스스로 생각해낸 것이라도 되는 양, 포머런스에게 그 숫자를 말하는 사람들이 늘어나기 시작했다. 이보다 더 좋은 징조가 있겠나 싶었다.

6월 27일 기조연설에서 워스는 2000년까지 탄소 배출량을 20퍼센트 줄이고, 궁극적으로 50퍼센트까지 감소시킬 것을 세상에 요구했다. 처음으로 주요한 국제회의 석상에서 구체적인 배출량 기준이 제기되는 순간이었다. 기후변화에 따르는 여러 결과들을 핵전쟁에 비유하면서, 이제는 워싱턴, 런던, 베를린, 모스코바에서 핵무기가 아니라 배출량 목표를 구매해야 한다고 주장한 연설자도 있었다. 최종 성명서에는 학회에 참석한 과학자와 정치인 400여 명 모두의 서명이 들어갔다. 목표는 조금 수정되었지만 권고는 더욱 강력했다. 이산화탄소 배출량을 20퍼센트 줄이자는 목표는 그대로 가져가되 제한 시간을 2005년까지로 했다. 포머런스가 직감적으로 떠올린 숫자는 그냥 그렇게 외교 정책이 되었다.

애니크의 암 수술이 성공적으로 끝난 뒤, 핸슨은 혼자서 지구온난화 홍보 캠페인을 시작했다. 핸슨이 학회들에 새로운 정보를 전달하면 기후 문제와 관련된 거의 모든 기사에 그의 말을 인용되었다. 심지어 그는 텔레비전 방송에 직접 제작한 도구를 들고 출연하기도 했다. 과학 박람회에 처음 출전하는 초등학생처럼, 핸슨은 판지 몇 조각과 투명테이프, 색종이를 이용해서 기후가 점차 따뜻해질 경우 더 뜨거운 날이 많아지는 현상을 보여주는 일명 '조작 주사위'를 만들었다. 온실효과에 대한 대중의 인식은 68퍼센트로 사상 최고치를 기록했다. 미국인 3명 중 1명은 지구온난화를 "꽤 큰 문제"로 걱정하기 시작했다.

불타는 듯한 여름이 끝날 무렵, 고어가 출마를 유보하겠다고 선언한 지 몇 달이 흘러서야 기후 위기는 마침내 대통령 선거에서 주요한 이슈로 부각되기 시작했다. 민주당 후보 마이클 듀카키스Michael Dukakis가 국내 석유 생산을 진작하기 위해 세금 혜택을 줄 것과, 향후 300년 동안 국내 에너지 수요를 석탄이 충족할 수 있다고 장담하자, 조지 부시가 이를 공격하고 나섰다. 듀카키스의 홈그라운드인 보스턴항을 끝으로 다섯 주에 걸쳐 계획한 환경 순회 유세의 첫 무대였던 이리호 호숫가에서 부시는 "저는 환경보호주의자입니다"라고 선언했다. 그리고 "우리가 너무 무력해서 온실효과를 내버려둘 수밖에 없다고 생각하는 사람들은 백악관 효과를 잊고 있는 겁니다"라고 말했다. 부시의 러닝메이트는 부통령 후보자 토론에서 지구온난화 해결을 공약으로 내세웠다. 댄 퀘일Dan Quayle은 "온실효과는 중대한 환경문제"이고 "반드시 해결해나가야 한다"고 말했다. 그는 또 이어서 "조지 부시 행정부가 그 일을 해낸다는 쪽에 내기를 걸어도 좋습니다"라고 했다. 대통령 선거 일주일 전, 앨라배마에서 지방 유세를 하던 부시는 우주탐사에 대한 연설 도중에 별안간 철학자이자 생태학자, 환경 운동가였던 알도 레오폴드Aldo Leopold를 인용하며 지구온난화와 그에 따른 지구의 운명을 깊이 애도했다. "늙은 어부의 기도 한 구절이 떠오릅니다. '바다는 하염없이 넓고, 주여, 나의 배는 너무 보잘것없이 작습니다….' 우리는 전쟁 같은 대재앙이 아니라, 우리의 남용에도 끄떡없을 것이라고 믿으면서 오랜 시간 방치한 끝에 돌이킬 수 없이 망가져버린 배에 갇힐 운명에 처했습니다."

선거가 끝나고 2주 뒤에 부시는 전 대통령 지미 카터와 제럴드 포드Gerald Ford의 초대로 백악관에 들어갔다. 두 전직 대통령은 부시에게 미국이 직면한 연간 도전 과제들을 정리한 양당의 합동 보고서 〈아메리칸 어젠다American Agenda〉를 선물했다. 보고서는 기후변화를 국가의 상위 주요 안건으로 다룰 것과 환경보호국의 연구 예산을 두 배로 늘릴 것을 권하는 내용이었다. 전직 대통령들은 미국인들이 "더 이상 환경문제를 사치라고 단순하게 생각하면 안 된다"고 강조했다.

상원 에너지 위원회의 어느 변호사는 업계의 한 저널에 부시의 공약에 입법자들이 "겁을 집어먹었고" 부시가 취임하면 의회가 중대한 법안을 통과시킬 것이라는 의견을 밝혔다. 〈오일 앤드 가스 저널Oil & Gas Journal〉에는 "의사당 쪽 사람들 상당수가 온실효과를 1990년대를 열 중대한 사안"으로 생각한다는 한 가스 로비스트의 말이 실리기도 했다. 이산화탄소 배출량 규제로 최대 손실을 입을 석탄 업계도 이미 거부에서 수용으로 입장을 전환하고 있었다. 미국 석탄협회는 온실효과가 더는 "새로이 부상하는 문제가 아닐뿐더러 이미 진행 중이고, 앞으로도 더 많이 더 자주 거론될 것"이라고 인정했다.

그해 말까지 32건의 기후 법안이 의회에 상정되었는데 2개의 거대 일괄 법안이 선봉에 있었다. 로드아일랜드주의 공화당원이었던 클로딘 슈나이더 Claudine Schneider 가 백악관에 제안한 지구온난화 방지법 Global Warming Prevention Act과 13명의 민주당 의원과 5명의 공화당 의원의 공동 지지를 얻어 티머시 워스가 발의한 1988 국가 에너지 정책법 National Energy Policy Act of 1988 이 그것이었다. 두 법안 모두 1992년까지 "대기에 관한 국제 합의"를 성사시킬 것을 요구하고 있었다. 워스의 법안은 2005년까지 이산화탄소 배출량을 20퍼센트 감축할 것과 그때까지 매년 에너지 사용을 최소한 2퍼센트씩 줄일 것, 그리고 세계적인 출산율 조절에 15억 달러를 투입할 것을 골자로 했다. 대통령 선거 직후 석유 업계 경영진과 만난 자리에서 와이오밍주 공화당 하원의원이었던 딕 체니 Dick Cheney 는 부시가 집권한 뒤에는 휘발유세 도입을 "막아내기가 아주 어려울 것"이라고 경고했다.

세계의 또 다른 거대 권력들은 그렇게 오래 기다리지 않기로 결정했다. 독일 의회는 기후변화 특별 위원회를 구성했다. 위원회는 토론토에서 제시한 목표가 불충분하며 "모든 추가 연구 요청을 고려할 필요 없이" 즉각적인 조치를 취해야 한다고 결론 내리고, 이산화탄소 배출량을 30퍼센트 감축할 것을 권고했다. 스웨덴 의회는 이산화탄소 배출량을 1988년 수준에서 안정화할 국가 전략을 발표하고 곧바로 탄소세를 부과했다. 옥스퍼드대학에서 화학을 전공했던 마거릿 대처Margaret Thatcher는 왕립학회Royal Society 연설에서 지구온난화가 "우리의 자연 서식지가 감당할 수준을 훨씬 넘어설 수도" 있으며, "경제의 체력과 환경의 체력은 전적으로 상호 의존적"이라고 경고했다.

바로 그 무렵, 어떤 에너지 로비스트가 말했듯 환경 운동이 그야말로 "대박이라도 터진 것처럼" 유엔이 유엔환경계획과 세계기상기구가 제안한 기후변화에 대한 정부 간 협의체International Panel on Climate Change, IPCC의 설립을 만장일치로 승인했다. 과학자와 정책 기획가들이 주축이 된 이 협의체에는 전 세계 기후 정책을 과학적으로 평가하고 개발하는 임무가 맡겨졌다.

　　정권 교체기 동안 부시 행정부는 IPCC에서 기후 조약 기획 임무를 담당한 대응전략실무단Response Strategies Working Group을 초청하여 미 국무부에서 첫 번째 회기를 진행할 것을 제안했다. 부시는 백악관 효과로 온실효과와 맞서 싸우겠노라고 약속했다. 이 자칭 환경보호주의자가 조만간 백악관 집무실에 앉게 될 것이다. 이제 때가 되었다.

분열된 세계

테리 요시Terry Yosie에게 석유 업계 사람들로부터 전화가 빗발쳤다.

"당최 지구온난화가 어쨌다는 거요, 테리?"

"핸슨이란 작자가 무슨 말을 하는 거요, 테리?"

"그래서 우리가 어떻게 하면 좋겠소, 테리?"

요시는 이런 질문들에 답할 준비가 되어 있었다. 미국 석유협회의 건강 및 환경 분과 책임자로 고용된 지는 얼마 안 되었지만, 요시는 지난 7년 동안 환경보호국에서 일하면서 웬만한 석유 및 가스 기업의 경영자들과 격의 없이 지냈다. 모스크바에서는 레이건과 고르바초프가 지구온난화

공동 성명서에 서명하도록 협상을 지원하기도 했지만 요시의 전문 분야는 오존이었다. 어쨌거나 핸슨 청문회 이후로, 협회 내에서 요시보다 온난화 문제에 해박한 사람은 없는 게 더욱 분명해졌다. 1979년부터 미국석유협회에 몸담았고 요시에 앞서 5년간 건강 및 환경 분과 책임자로 일했던 협회 부회장 윌리엄 오키프William O'Keefe조차도 온난화는 금시초문이었다. 적어도 제임스 핸슨이 등장하기 전까지는 그랬다.

청문회가 가져온 격렬한 소동에 정신을 못 차리던 미국석유협회는 벤젠이나 오존, 스모그와 같은 환경문제들이 등장할 때마다 써먹었던 교과서적 논평을 내놓았다. "전문가의 견해 차이"를 들먹이면서 "이 문제를 해결하기 위해 섣부르게 행동하는 것은 분열을 조장하고 사회의 자원을 낭비하는 결과를 초래할 수 있다"고 우려하는 내용이었다. 그러니까 이번에도 또다시 **더 많은 연구가 필요하단 말씀**되시겠다. 이 연구를 수행하는 것, 그것이 바로 요시의 임무였다.

미국석유협회 일부 회원사들이 임시적으로나마 연구를 시작했다는 소문이 요시에게 들려왔다. 알래스카 영구 동토층에 굴착 설비와 도로, 송유관 건설에 110억 달러를 투자한 바 있는 BP 아메리카는 동토층이 영구성을 상실할 경우 벌어질 사태를 조사하기 시작했다. 빙산이 쪼개지면 유조선들이 영화 〈타이타닉Titanic〉 꼴이 날지 알고 싶었던 것이다. 모빌Mobil 역시 회의적 태도에서 한발 더 나아갔다. 1988년 11월 모빌의 대표 리처드 터커Richard Tucker는 미국화학공학회American Institute of Chemical Engineers 주최로 열린 학회에서 온실효과를 해결하기 위해서는 "화석연료에 대한 우리의 의존도를 획기적으로 줄여야 할 수도 있다"고 경고했다. 1988년 봄에는 셸이 2년 전부터 온실효과를 엄격히 조사한 내부 보고서를 공개했다. 이 보고서는 과학, 사회, 경제에 온실효과가 미치는 영향과 온실효과 해결에 따르는 도전 과제들이 기록되어 있었다. 보고서 저자들은 "에너지 산업이 어떤 역할을 할지 고민해야 한다"고 말하면서도, 결국 "국제적인 공조를 통해서만이 이 문제를 효과적으로 해결할 수 있는 만큼" 중대한 책임은 정부에게 있다고 주장했다.

셸이 국제적 공조의 가능성을 조사하기 시작한 것은 적어도 미래학자 피터 슈어츠Peter Schwartz를 장기 전략 팀 책임자로 고용했던 1982년부터였다. 스탠퍼드연구소에 재직했던 1977년에 슈어츠는 에너지 연구 및 개발 관리국의

의뢰로 지구온난화가 사회정치에 미치는 영향에 대한 60쪽
짜리 암울하고 단호한 보고서를 감독한 바 있었다. 셸에서
슈어츠는 두 버전의 미래 시나리오를 개발했다. '다음 물
결The Next Wave' 시나리오에서 기후변화는 재생에너지에 대
한 포괄적이고 심도 있는 투자를 진작시키는 반면, '분열된
세계Fragmented World' 시나리오에서는 주요 강대국들이 서
로 다른 기후변화 대응책을 개발하면서 지정학적 불안이
증대되고 전체적으로 화석연료 의존도가 높아지는 결과를
가져온다.

　　1988년 여름, 엑슨은 다른 용어를 사용하긴 했지만
분열된 세계를 초래할 독자적인 전략을 공식화하기 시작
했다. 핸슨 청문회 이후에 엑슨의 과학 및 전략 개발 책임
자였던 듀엔 르바인Duane LeVine은 지구온난화에 대한 엑
슨의 새로운 입장을, 사내 과학자들이 아니라 전략가이자
엑슨의 홍보 책임자였던 조셉 칼슨Joseph Carlson에게 구축
할 것을 지시했다. 르바인이 칼슨에게 특별히 더 강조한 질
문이 있었다. "엑슨의 사업에 미칠 직접적인 영향은 무엇인
가?" 칼슨이 상사들의 의견을 묻기 전이었던 8월에 작성한
초안에는 과학계의 전반적인 견해를 수용한다고 적혀 있
었다. 하지만 칼슨이 제출한 최종 보고서에는 엑슨이 "비화

석연료 자원의 비효율적 개발로 이어질 수도 있는 과장되고 자극적인" 시도들에는 과감히 저항해야 한다고 적었다. 그는 이어서 "온실효과가 증폭될 가능성을 말하는 과학적 판결들의 불확실성을 강조하는 것이" 사 측에 유리할 것이라고 주장했다.

하지만 테리 요시는 업계의 대다수 사람들, 특히 과학자가 아닌 일반인들이 온난화 문제와 그것이 경제에 미칠 잠재적 영향에 하나같이 무지하다는 사실을 발견했다. 미국석유협회 회장 찰스 디보나Charles DiBona의 응원에 힘입어 요시는 엘가街에 있는 협회 본사 강당에서 워크숍을 열었다. 셸, 아르코Arco, 셰브론Chevron, 모빌의 고참 로비스트와 변호사, 협회 이사와 수행원 들을 비롯해 100여 명에 이르는 (기회와 위험의 범위를 타진하기 위해 워크숍 비용을 댄 고급 양복을 입은) 사람들이 참석했다. 요시는 과학과 정책 세분화에 대해 가장 설득력 있는 연설을 할 만한 사람들을 게스트로 초대했다. 엑슨의 기후 모델링 책임자 브라이언 플래너리Brian Flannery는 기후변화가 실제 현상일 뿐 아니라 화석연료 연소가 원인이라고 설명했다. 정치학자 에런 윌다브스키Aaron Wildavsky는 에너지 생산에 대한 규제는 경제적 손실을 가져올 수 있다고 경고했다. 환경보호국의 정책분석팀 Office of Policy Analysis 팀장 리처드 모겐스턴 Richard Morgenstern은 기후변화를 제어하는 데 따르는 대가와 비용이 아직까지는 감당할 만한 수준이므로 시도할 가치가 있다고 주장했다.

세계자원연구소 대표로 참석한 어빙 민처는 워크숍에 앞서 동료 레이프 포머런스에게 자문을 얻어 자신이 주장할 내용을 다듬었다. 모겐스턴과 마찬가지로 민처는 미국석유협회에 모인 청중에게 효율적이고 재생에너지에 대한 투자와 같이 즉각적이며 신중한 행동이 경제적으로 유익할 수 있다고 주장했다. 반면에 행동하지 않을 경우에 발생할 경제적 손실은 매우 극단적일 것이라고 설명했다. 기온이 섭씨 2도만 상승해도 지구 경제는 지금까지 상상해본 적도 없는 방식으로 휘청거릴 것이라고. 기업들이 행동을 더 오래 미룰수록 상황은 더욱 악화될 것이라고. 청중은 민처의 주장을 당연한 사실로 받아들였다.

프레젠테이션이 끝나고 디보나는 요시에게 미국석유협회 집행위원회, 즉 세계에서 손꼽히는 석유 및 가스 업계의 경영자들에게 브리핑을 해달라고 요청했다. 요시는 연설문과 슬라이드 영상을 준비했다. 석유와 가스 연소가 이 세상을 더 뜨겁게 만들고 있다는 데에는 의심의 여지가 없다고, 요시는 설명했다. 물론 기후변화의 시기와 같이 아직 불확실한 부분도 있음을 인정했다. 하지만 엑슨의 브라이언 플래너리가 설명한 것처럼, 그 경향은 확실하다고 강조했다. 요시는 석유 제국의 왕들에게 킬링 곡선을 보여주었다. 화석연료가 지구온난화에 미치는 영향을 정량화한 데이터와 세계의 이산화탄소 배출량을 지역별로 나누어 나타낸 도표도 제시했다. 또한 과학적 설명에서는 좀처럼 언급하지 않는 통계도 추가했다. 세상이 더 더워지면 에너지 사용량이 늘어날 텐데, 주로 에어컨이나 냉장고 같은 제품의 수요가 늘어나는 데에 기인한다고 설명했다. 요시는 2055년까지 기후변화로 인한 미국 내 에너지 소비량이 4퍼센트에서 6퍼센트 증가할 수 있다고 말했다.

무엇을 해야 하는가? **우리 사업이 직접적으로 어떤 타격을 입겠는가?** 요시는 그들에게 세 가지 선택지를 펼쳐 보여주었다. 우선 첫 번째는 정부의 강력한 개입을 전제로 하는 구속력 있는 국제조약이다. 요시는 어깨를 으쓱하고는 존 메이너드 케인스John Maynard Keynes의 논평을 인용하여 "결국 우리는 모두 죽을 텐데" 왜 걱정을 하느냐는 식의 대처가 두 번째라고 설명했다. 마지막은 요시가 원하는 것이자 5년 전 〈변화하는 기후〉 보고서가 공개된 뒤에 윌리엄 니런버그가 던진 메시지를 떠오르게 하는 선택지였다. 즉 공포가 아닌 경고로 밀고 나가, 규제 정책을 최대한 점진적으로 실행하면서 경제적 충격을 둔화하는 것이었다. 이를 위한 최선의 방법은 업계가 "기후와 관련된 과학 및 정치적 논의에 적극적으로 참여하는 것"이라고 요시는 주장했다. 요컨대 과학의 불확실성을 강조하고, 모든 새로운 규제들의 효율성에 의문을 제시하고, 전 세계 기업들의 협력을 촉구하며, "광범위한 경제적 목표에 부합하는" 다시 말해 이익을 해치지 않는 선에서의 조치만을 인정하자는 말이었다.

석유 왕들은 동의했다. 집행위원회는 정책 분석을 위한 자금을 (3,000만 달러에 이르는 환경 분과 전체 예산에 비하면 푼돈인 10만 달러 정도를) 확보하기로 했다. 참고로 말하면 미국석유협회가 벤젠이 건강에 미치는 영향을 연구하는 데 쓰는 연간 비용은 수백만 달러에 이른다. 하지만 어쨌든 수천 달러라도 없는 것보다는 낫다. 언론 홍보를 진행하기에는 충분했다. 석유 업계가 신경 쓰고 있다는 점을 과시하기에도 충분했다.

1988년 말, 미국석유협회 회장은 협회의 정책 논쟁을 시연하기 시작했다. 소위 '격려 연설' 형식으로 12월에 공개된 연설문에서 디보나는 부시 행정부가 내놓은 대망의

에너지 정책을 검토하면서 지구온난화 관련 법안들에 대해 떠들었다. 그는 "많은 사람들이 벌써 '온실' 열기라는 말을 사용해 극단적인 환경주의와 보수주의 이념을 중심으로 구축된 의제들을 밀어붙이고 있다"고 말했다. 또한 "좀 더 냉철하고 덜 편향적인 사람들이 앞에 나서지 않는다면, 엄청난 비용을 들이고도 실현이 거의 불가능할 환경적 목표들로 미국 내 산업은 물론이고 사회 전체가 끔찍한 부담을 떠안을 수도 있다"고 주장했다. 디보나는 이산화탄소 배출량 증가나 그로 인해 지구가 뜨거워지고 있다는 과학적인 여론을 인정하는 한편, 과학자들이 온난화가 얼마나 신속하게 진행되는지 확실하게 말하지 못한다는 점을 지적했다. 디보나는 어떤 일이 벌어지든지 업계의 단결이 무엇보다 중요하다고 강조했다. 석유 업계 관련 잡지의 기자들은 디보나의 말을 토씨 하나 놓치지 않고 착실하게 받아 적었다.

위대한 참여자와
늙은 공학자

부시의 대통령 취임 열흘 뒤, IPCC 대응전략실무단이 국제조약 협상 절차를 시작하기 위해서 국무부에 모였다. 제임스 베이커 3세James Baker III가 국무 장관으로서 첫 번째 연설의 기회를 잡았다. 연설 전에 베이커는 프레더릭 번탈Frederick M. Bernthal로부터 메모 한 장을 전달받았다. 화학 교수이자 원자력규제위원회Nuclear Regulatory Commission 위원으로 재직했던 번탈은 당시에 국제 환경문제 담당 차관보와 IPCC 대응전략실무단 단장으로 활동하고 있었다. 노골적이고 불안정한 문체로 쓴 메모에 번탈은 온실가스 배출량 감축은 신중한 조처이며 행동하지 않을 때의 대가는 결코 적지 않을 것이라고 적었다. 베이커는 번탈의 메모 중 일부를 연설에 그대로 인용했다. "기후변화를 둘러싼 모든 불확실성이 해소될 때까지 기다렸다가 행동하기에는 우리에게 여유가 별로 없을지도 모릅니다." 베이커는 이어서 말했다. "시간이 지난다고 문제가 해결되지는 않을 것입니다."

연설을 마친 베이커에게 부시의 참모 존 수누누John Sununu가 찾아왔다.

"과학은 과학자들에게 맡기고, 온실효과라는 잠꼬대 같은 소리에 휘말리지 마십시오. 장관께서는 지금 본인이 무슨 말씀을 하셨는지 알지 못합니다." 수누누가 베이커에게 말했다.

레이건의 참모이자 재무 장관까지 역임했던 베이커는 이 문제에 대해 다시는 입을 열지 않았다. 나중에 베이커는 휴스턴 오일 앤드 가스Houston oil and gas에서 변호사로 일했던 경력을 핑계로 에너지 정책에 대한 자문을 하기가 어렵다고 백악관에 알렸다.

부시가 수누누를 택한 것은, 아이오와주 예비선거에서 3등으로 밀려난 부시를 뉴햄프셔주에서 구제하여 부시의 후보 지명을 확정 짓는 데 공을 세운 본능적인 정치 감각 때문이었다. 뉴햄프셔 주지사를 세 번이나 역임했고 정치판의 늑대라는 별명을 얻을 만큼 정치꾼이었음에도, 수누누는 수십 년 전 MIT에서 딴 기계공학 박사학위를 언급하기를 좋아했고 여전히 스스로를 "늙은 공학자"로 소개했다. 그는 자신을 게으르고 만만한 성격으로 보는 사람들의 허를 찌르는 걸 즐겼다. 실제로 수누누는 열정적인 반항아이자 매력적인 불량배였다. 부친은 레바논계로 보스턴에서 수출업에 종사했고, 모친은 그리스 혈통을 가진 엘살바도르 사람이었으며, 수누누 본인은 아바나에서 태어났다. 뉴햄프셔에서 수누누는 정치 칼럼니스트들이 붙여준 별명대로 실용주의적이고 기업 친화적이며 기술 집약적이고 "현실적"인 이른바 양키 보수주의를 구현했다. 원자력발전소를 건설하기 위해 지역 환경 운동가들과 맹렬히 싸운 적도 있었지만, 미국 최초의 산성비 법안을 찬성했고 오듀본협회Audubon Society(미국의 야생동물 보호 단체─옮긴이 주)의 주장에 따라 아황산가스 오염도를 50퍼센트로 낮추도록 레이건을 설득했으며 정신 건강 관리와 공유지 보존을 위한 예산을 더 늘리기도 했다. 4,400만 달러에 이르던 주의 적자를 세금 인상 없이 흑자로 돌려놓은 예산 매파이기도 했던 수누누는 여전히 레이건보다 더 보수적인 사람으로 통했다. 그의 반反징세주의를 은근히 외면한 공화당 정치인들과 미 상공회의소 소장을 공공연히 비난하기도 했다. 하지만 그랬던 수누누도 백악관에 입성하면 세금 인상을 위한 협상에 다리를 놓을 테고 데이비드 수터David Souter의 대법관 후보 지명을 확정 지을 것이다.

늙은 공학자 아니랄까 봐, 수누누는 그의 세대 정치인 상당수가 정부 소속의 엘리트 과학자들에게 무의식적으로 드러내는 공경심이 없었다. MIT에서 대학원생들을 대상으로 기술과 공공 정책을 가르치는 프로그램을 책임졌던 경력이 있음에도 수누누는 두 직업에 양다리를 걸친 과학자들에게 회의적 시선을 거두지 못했다. 정부에 몸담았던 시기 동안 그는 이 회의주의를 20세기의 지정학 이론으로 받아들였다. 수누누는 제2차 세계대전 이후로 과학 지식의 승인하에서 음모론적인 힘들이 '반성장'을 지향하는 사회주의 사상으로 발전했다고 믿고 있었다. 그가 특별히 더 적극적으로 경멸한 대상도 있었다. 세계가 인구 증가를 저지하지 못하면 수억 명의 사람들이 기아로 사망할 것이라고 예언한 폴 R. 에를리히Paul R. Ehrlich의 저서 《인구 폭탄The Population Bomb》, 천연자원이 고갈될 것을 경고한 로마 클럽Club of Rome(유럽의 실업가, 과학자, 경제학자 들로 구성된 연구 단체—옮긴이 주) 그리고 1970년대 중반에 합성 연무제 남용으로 인해 신빙하기가 시작될 것이라고 예언한 칼 세이건, 스티븐 슈나이더, 이챠쿠 라술을 포함한 명망 있는 기후 전문가들의 가설이 그것이었다. 수누누가 보기에는 모두 경제 발전에 제동을 걸기 위해 방대하고 권위주의적인 조치를 예고하는 이론들이었고, 불확실한 과학적 요소가 포함된 이론들이었으며, 지금은 틀렸다고 밝혀진 이론들이었다.

수누누는 온실효과도 1975년에 마거릿 미드가 처음 언급했던 때부터 이런 사악한 음모들 중 하나가 되었다고 치부했다. 미드는 "세상을 지배하는 거대 권력이 지금까지 결코 마주한 적 없는 원대한 결정이 요구되는 문제"이고 "즉각 곤란을 겪는 사람들과 장기적 결과에 영향을 받는 사람들 사이에 불가피한 충돌이 일어날 것"이라고 적었다. 미드가 "원대한" 결정과 "장기적 결과"라고 한 말에서 수누누는 권위주의적인 음모의 행진 소리를 들었다.

1989년 4월 14일, 여당 지도자 조지 미첼이 주축이 되어 양당 상원의원 24명이 모여서 부시에게 IPCC 대응 전략실무단이 권고하기 전에 미국 내에서 이산화탄소 배출량을 감축할 것을 호소했다. 상원의원들은 호소문에 "우리는 포괄적이고 지구적인 합의까지 가는 긴 여정을 기다릴 형편이 못된다"고 적었다. 수누누는 관리예산실 책임자이자 친밀한 동지인 리처드 다먼Richard Darman 으로부터, 앨고어가 부시로 하여금 즉각적인 조치를 취하게 할 목적으로 수치심을 이용해 곧 청문회를 열 것이라는 정보를 입수했다. 이번에도 제임스 핸슨이 주요 증인으로 참석할 예정이었다. 다먼은 책상 위에 핸슨이 발표할 진술서를 펼쳐놓고 수누누에게 읽어주었다. 수누누는 간담이 서늘해질 만큼 충격을 받았다. 그가 보기에 핸슨의 경고는 극단적이었고, 무엇보다 그 경고라는 것이 수누누가 "쓰레기 같은 기술"이라고 생각하는 과학적 주장들에 바탕을 두었다는 사실에 경악했다.

수누누와 다먼이 핸슨의 진술서를 검토하는 동안, 환경보호국 국장으로 최근에 취임한 윌리엄 라일리는 새로운 제안서를 들고 백악관으로 향했다. 라일리로 말할 것 같으면 훤칠한 키에, 빳빳하게 다림질 된 양복을 즐겨 입었고, 중저음의 점잖은 목소리와 품위 있고 솔직하고 실리적인 태도를 가졌다. 또한 육군 대위로 전역하고 예일과 하버드, 컬럼비아대학에서 학위를 받았는데 그야말로 문무를 겸비한 인재였다. 닉슨 재임 시절에는 환경위원회 위원이었으며 후에는 국제보호단체Conservation Foundation와 세계야생생물재단World Wildlife Federation, WWF(1986년에 세계자연기금World Wild Fund of Nature으로 명칭이 변경됨─옮긴이 주)의 대표를 역임했던 전문적인 환경 운동가이기도 했다. 정치적 합의를 위해서라면 일단 자기편으로 엮은 사람을 놓치지 않는 성격 때문에 '엮기 고수'라는 별명도 얻었다. 그가 환경보호국 국장 후보로 지명될 때도 미국석탄협회와 국립천연자원보호위원회, 화학산업협회Chemical Manufacturers Organization 그리고 시에라 클럽의 추대를 받았을 정도였다. 라일리의 임명식에서 부시는 그를 선택한 것이 "자신의 개인적인 의제들 가운데 첫 번째가 바로 미국의 환경을 보호하는 일임을 이 방 안에 있는 사람들뿐 아니라 전 국민에게 명확하게 보여주는 바"라고 호기롭게 선언했다. 라일리가 품은 의제 중 첫 번째는 지구온난화였다. IPCC 대응전략실무단의 다음 번 회의는 5월에 제네바에서 개최하기로 예정되어 있었다. 라일리는 백악관에서 열린 한 회의에서 제네바 회의는 부시 행정부가 온실효과에 대해 진지하게 고민하고 있음을 증명할 절호의 기회이며, 그 자리에서 부시가 이산화탄소 배출량 감축을 위한 세계 조약을 요구해야만 한다고 주장했다.

여기서 수누누가 이의를 제기했다. 의심스러운 과학적 견해에 동조하여 얼마나 큰 경제적 고통을 강요할지 모를 조약에 국가가 휘둘리게 만드는 것은 어리석은 짓이라고 말했다. 두 사람은 실랑이를 거듭했다. 라일리는 이 사안에 대한 리더십을 유럽의 국가들에 양보할 마음이 없었다. 어쨌든 몇 달 뒤 라일리는 기후변화에 관한 최초의 고위급 외교 회담에 참석하기 위해 네덜란드로 날아갈 테고, 경고만을 담은 성명서는 소위 '환경 대통령'을 자처한 부시를 위선자로 보이게 할 뿐 아니라 협상에서 미국을 불리하게 만들 수밖에 없을 터였다. 그러나 수누누도 입장을 바꿀 태세가 아니었다. 수누누는 미국 대표단에 제네바에서 어떤 약속도 하지 말라고 지시했다. 그리고 얼마 뒤 두 사람의 언쟁이 언론에 누출되었다.

〈워싱턴 포스트〉와 〈AP〉가 제네바 회의에 앞서 공개한 두 사람의 논쟁에 관한 기사에서 수누누는 "좌절당한" 라일리가 이끄는 "부시 행정부의 고위급 관리들"의 다양한 의지를 독단적으로 꺾어버린 사람으로 묘사되었다. 라일리가 제보자라고 확신한 수누누는 격노했다. 언론에 흘리는 행위, 그것도 내부 논쟁을 흘리는 행위는 도저히 용납할 수 없었다. 기사에서 부시 행정부는 마치 자신들이 무슨 일을

하는지조차 모르는 얼간이처럼 비쳤다. 수누누는 머리가
돌아버릴 것 같았다.

　국무 장관 제임스 베이커의 대리인이 라일리를 따로
불렀다. 그는 라일리에게 베이커의 메시지를 전했다. "결국
에는 백악관을 이기지 못할 겁니다." 그리고 베이커가 알
기로 수누누는 이번 일을 결코 잊을 사람이 아니라고 덧붙
였다.

자연의 절차

5월 첫째 주에 제임스 핸슨은 의회에서 발표할 진술서를 백악관으로부터 돌려받았다. 삭제된 문장도 많았지만 더욱 가관은 꽤 많은 분량이 추가되었다는 점이었다. 앨 고어가 청문회를 소집한 것은 부시에게 압력을 가하기 위해서였지만, 핸슨이 증인석에 서기로 결심한 이유는 따로 있었다. 1988년 청문회에서 강조하려고 했던 주장들 중 하나에 대해 사람들이 오해할까 봐 불안했다. 핸슨의 연구는 지구온난화가 지난해 여름의 혹서와 가뭄의 원인이라는 사실을 증명했다. 하지만 거기서 끝이 아니었다. 그의 연구에 따르면 지구온난화는 극심한 폭우를 야기할 수도 있었다.

결국 이 주장은, 대중이 다음 여름은 혹서 없이 지나가겠다거나 지구온난화가 거짓이라고 추측하는 것을 원치 않았기 때문에 보류되었다.

하지만 백악관이 수정한 진술서는 한마디로 엉망진창이었다. 처음 하루 이틀은 관리예산실의 어이없는 수정안은 무시하고, 크게 거슬리지 않는 편집에 대해서는 인정하면서 진술서를 수정해나갔다. 청문회를 이틀 앞두고 핸슨은 수정을 포기했다. 그는 나사의 국회 연락 담당자에게 전화를 걸어 이런 유치한 싸움을 중단하겠다고 백악관에 전달해달라고 말했다. 이번에는 "뉴욕주 뉴욕시에 거주하는 대기과학자" 자격으로 증언하는 연출 따위는 하지 않겠노라고. 그리고 백악관은 백악관 하고 싶은 대로 하라고.

물론 핸슨에게도 하고픈 게 있었다. 전화를 끊자마자 핸슨은 고어에게 보낼 편지를 적었다. 관리예산실이 핸슨의 과학적 발견을 "개발 중"인 신뢰할 수 없는 기후 모델을 통해 "추정한" 결과로 격하시키려고 한다고, 익명의 검열관은 핸슨이 지구온난화가 "과학적으로 알려지지 않은" 원인들에서 올 것이라고 말하기를 바라며, 만에 하나 온난화가 단순히 "자연의 절차"에 기인한 것이라면 핸슨의 증언은 무의미할 뿐 아니라 핸슨 본인도 바보로 만들 거라는 경고문도 적혀 있었다고, 하지만 가장 어이없는 첨부 문장은 핸슨의 진술서 원본을 완전히 뒤집어, 미국석유협회에 고용된 과학자가 아니고서는 결코 입 밖에 내지 않을 문구를 써가면서, "날로 커지는 온실효과에 대한 우려와는 별개로" 경제에 유익한 효과가 곧바로 나타날 수 있는 기후 법안을 고려해야 한다고 의회에 요청하라고 적어놓았다고 썼다. 핸슨은 고어에게 쓴 편지를 팩스로 전송하고 사무실을 나왔다.

집에 도착한 핸슨은 고어로부터 전화가 걸려왔었다는 말을 듣자마자 곧바로 연락했다. 고어는 기자 몇 명에게 핸슨에게 벌어진 일을 알려야겠다고 말했다. 핸슨도 동의했다.

이튿날 아침에 〈뉴욕 타임스〉의 필립 샤베코프가 핸슨에게 전화를 걸었다. 핸슨은 그에게 말했다. "과학자로서 저의 입장을 말할 수 있어야 합니다. 정책은 상황에 따라 바꿀 수 있겠지만, 과학은 그렇게 바꿀 수 있는 게 아닙니다."

5월 8일 월요일, 청문회 날 아침 일찍 워싱턴으로 출발한 핸슨은 더크슨 빌딩에 도착하기 전까지 일부러 신문을 보지 않았다. 고어가 그에게 〈뉴욕 타임스〉를 건네주었다. 1면 헤드라인에 "과학자의 고백, 관리예산실에서 진술서를 손보다"라고 적혀 있었다. 고어는 또 한 번 여론이 들끓을 테니 마음의 준비를 하라고 핸슨에게 일렀다. 핸슨이 계획대로 증언을 하고, 이어서 고어가 편집된 문장들에 대해 질문을 하기로 했다.

청문회장 문 앞에서 고어가 걸음을 멈추었다. 그리고 핸슨에게 말했다. "따로 들어가는 것이 좋겠습니다. 우리가 한패로 보여서 좋을 건 없을 테니 말입니다."

청문회의 공식 명칭은 '기후 서프라이즈Climate Surprises'였지만, 사실 언론이 주시하는 서프라이즈는 핸슨의 진술서에 대한 백악관의 간섭이었다. 청문회장은 발 디딜 틈이 없었고, 카메라들은 일제히 어정쯔게 서 있는 과학계의 스타를 향했다. 핸슨은 한 손에는 진술서를, 또 한 손에는 화석연료 사용으로 시작된 온난화가 지표면 1제곱미터마다 크리스마스 전구 하나씩 켜놓은 수준으로 지구를 데우고 있다는 것을 설명하기 위해, 전구 하나를 들고 서 있었다. 핸슨이 관리예산실의 첨삭을 거친 말끔한 진술서를 읽은 뒤, 고어가 나섰다. 친근감과 조롱이 뒤섞인 목소리로 고어는 핸슨의 진술이 앞뒤가 맞지 않는 점을 지적했다. "본인의 주장과 반대되는 진술을 하시는 이유가 뭡니까?"

핸슨은 자신의 주장과 모순되는 내용은 직접 쓴 게 아니라고 설명했다. 그는 자신의 과학적 발견들이 불확실하다는 사실을 인정한다는 내용에는 분명히 동의하지 않는다고 언급했다. 핸슨은 정부 쪽 사람이 쓴 정치적인 진술서를 백악관이 검토하는 관행에 대해서는 이의가 없다고 했다. 그리고 이어서 핸슨은 라니냐La Niña 현상을 설명할 때와 같은 단조로운 목소리로 이렇게 말했다. "과학을 바꾸라는 강요만큼은 인정할 수 없습니다."

고어가 핸슨에게 다가가 말했다. "부시 정부는 진실에 겁먹은 것처럼 굴고 있어요. 그들이 당신에게 과학적 결론을 바꾸라고 강요했다면, 그건 일종의 과학 사기입니다." 고어는 정의로운 열정으로 달아올랐다. "아시다시피, 소련도 자국의 과학자들에게 이념에 부합하고 국가가 인정할 만한 쪽으로 연구 방향을 바꾸도록 지시하는 관행이 있었습니다. 소련을 제외한 세계 모든 국가의 과학자들은 그런 관행을 애석하고도 우스꽝스럽게 여겼지요."

정부 쪽 과학자로, 그 청문회 증인석에 섰던 해양대기청의 제리 말만Jerry Mahlman 역시 자신의 과학적 결론을 백악관이 바꾸려고 시도한 것을 알고 있었다. 말만은 최악의 상황은 간신히 피했지만 "무례하고 비과학적인" 백악관의 권고를 그대로 따랐다면 과학계 동료들 앞에서 얼굴도 들 수 없을 만큼 몹시 난처했을 것이라고 말했다.

"때가 되었습니다." 상원의원 티머시 워스가 말했다. "백악관과 정면 대결을 해야 할 때가 된 것입니다. 합리적인 말이 통하지 않는다면, 밀어붙이든지 아니면 당황하게 만들어서라도 행동하게 해야 합니다."

고어는 이 상황을 "분노의 첫 번째 단계"라고 불렀다. 1988년 청문회는 핸슨을 일약 영웅으로 만들었다. 이번 청문회에서 고어는 자신들이 상대할 진짜 악당을 찾아냈다. 프레드 쿠마노프는 저리 가라 할 만큼 훨씬 더 위험한, 관리예산실이라는 문패 뒤에 숨어서 검열을 하는 백악관 내부자인 익명의 악당이었다.

청문회가 휴회를 선포한 뒤에도 카메라 플래시들은 대리석 깔린 복도로 핸슨과 고어를 따라 나왔다. 핸슨은 과학에 집중하길 원한다고 강력하게 말했다. 고어는 정치에 관심이 쏠리는 게 만족스러웠다. "제가 보기에 정치인들은 진실을 두려워합니다." 고어가 말했다. "핸슨을 비롯한 다른 과학자들이 옳다는 것 그리고 정치에 파격적인 변화가 요구되는 이 상황이 두려운 거죠. 그래서 회피하고 싶은 겁니다."

이튿날 아침 백악관의 기자 브리핑에서 공보 담당 비서 멀린 피츠워터Marlin Fitzwater는 핸슨의 진술서를 수정한 사실을 인정했다. 그러면서 "서열 다섯 번째" 공무원이 수정했고, "훌륭한 연구를 한 저명하고 뛰어난 과학자"인 핸슨에게 결코 보복성 조치는 없을 것이라고 약속했다.

이 발언은 핸슨이 참석했던 어떤 청문회보다 기후 정책의 필요성을 공론화하는 데 큰 기여를 했다. "모욕적인 공격(〈로스앤젤레스 타임스〉)"은 "지구온난화 냉전(〈시카고 트리뷴〉)"의 막을 올렸고 "워싱턴은 온실 문제 해결에 늑장을 부리겠다는 신호(〈뉴욕 타임스〉)"를 보내는 꼴이나 다름없었다. 정책보다 정치적 자세를 우선시하는 정부는 또다시 잔뜩 웅크린 채 방어 태세에 돌입했다.

청문회 다음 날 리처드 다먼이 수행원도 없이 불쑥 고어를 찾아왔다. 다먼은 고어에게 개인적으로 사과를 하고 싶다고 말했다. 그는 미안하다는 뜻을 전하고, 관리예산실이 다시는 누구도 검열하지 않을 것임을 알아달라고 말했다. 갑작스러운 방문과 사과에 놀란 고어는 일단 감사하다고 다먼에게 말했다. 음해에 능하고, 오만하고, 같은 공화당 당원들마저도 "무뢰한"이라고 기자들에게 불평할 정도로 악명 높은 다먼이기 때문이었다. 고어가 입학하기 1년

전에 하버드대학을 졸업했고 재무부 Treasury Department 에서
는 제임스 베이커 장관의 대리로 일했으며, 레이건의 전략
참모들 중 한 명이기도 했다. 다시 말해서 내부자 중에서도
내부자였고 냉소 전문가이자 의사당을 쥐락펴락하는 완고
한 엘리트였다. 과도하게 감정적이고 굴욕적인 목소리 그
리고 마치 은밀한 일을 처리하듯 수행원이 없다는 점으로
미루어, 고어는 핸슨을 검열하자는 의견의 출처가 서열 다
섯 번째에 있는 사람은커녕 다먼도 아니라고 결론 내렸다.
다먼보다 위에 있는 사람, 다먼에게 지시를 내릴 수 있는
상부에서 나온 아이디어였던 것이다.

백악관 효과

리처드 다먼은 존 수누누를 찾아갔다. 그는 과학자 검열의
책임을 혼자 뒤집어쓰고 싶지 않았다. 두 사람은 이에 대응
할 만한 일종의 이슈가 필요하다고 결론 내렸다. 수누누는
윌리엄 라일리에게 전화를 걸어 그의 생각을 물었다. 라일
리는 처음 제안했던 바처럼, 국제 기후 조약을 위원회에 다
시 회부하는 것도 한 방법이라고 말했다. 당시 미국은 서방
세계에서 기후 조약 협상에 반대하는 유일한 국가였다.

청문회가 있은 지 사흘, 마거릿 대처 정부가 세계 지
도자들에게 가능한 한 빠른 시일에 지구온난화와 관련한
대표자 회의를 열자고 제안한 지도 이틀이 지난 5월 11일

목요일 저녁, 수누누는 제네바에서 열린 IPCC 회의에 참석 중인 미국 측 협상가에게 전보를 보냈다. 어떤 약속도 하지 말라던 애초의 지시를 뒤집는 내용이었다. 수누누는 미국은 "공식적인 조약 협상 과정에 필요한 모든 단계마다 완전한 국제적 합의를 성사시키는 데에 전력을 다할 것이다. 이 사안이 갖는 의미와 그 범위가 대단히 크므로 무엇보다 미국이 리더십을 발휘해야 한다"고 적었다. 또한 백악관 주최로 지구온난화에 대한 국제 학술 대회를 열 것을 제안했고, 학술 대회는 과학의 정확성을 높이고 이산화탄소 배출 감축에 따르는 경제적 비용을 계산하는 데 초점을 맞추게 될 거라고 설명했다. 수누누는 전보에 직접 서명했다. 물론 앨 고어는 이에 만족하지 못했다. 그는 "이번에도 또다시, 대통령은 마지못해 느릿느릿 올바른 자리로 떠밀려 나왔다. 이것도 진전이라고 할 수는 있겠지만, 여전히 역부족이다"라고 논평했다. 레이프 포머런스도 만족하지 못했다. 그는 체면 차리기 식의 뒤늦은 노력은 진짜 행동으로 이어지기 힘든 "알맹이 없는 말"에 불과하다고 기자들에게 말했다. 하지만 전반적인 대중의 반응은 칭찬과 안심 둘 중 하나였다.

하지만 수누누는 여전히 기후 문제를 들먹이기만 해

도 부아가 치밀었다. 그는 정식으로 온실효과를 연구해보
기로 했다. 연구 도구는 그의 개인 컴퓨터에 깔려 있는 초
보적이고 일차원적인 일반 순환 모델 프로그램이었다. 수
누누는 핸슨의 모델이 온난화를 완화시키는 대양의 기능
을 고려하지 않은 조악하고 부정확한 "기술적 허튼소리"라
고 결론을 내렸다. 그는 이 불만스러운 결론을 다먼과 데이
비드 앨런 브롬리David Allan Bromley에게 털어놓았다. 브롬리
는 예일대학 출신의 핵물리학자로 수누누가 추천하여 부
시의 과학 자문이 된 사람이었다. 수누누는 핸슨의 모델로
는 "온실효과가 지금도 진행 중"이라거나 1988년의 혹서
가 지구온난화에 기인했을 수도 있다는 과격하고 터무니
없는 선언을 정당화하지 못한다고, 신도 국가의 경제 정책
에 그런 조잡한 모델을 이용하는 걸 용납하지 않을 것이라
고 투덜거렸다. 다먼과 브롬리는 고개를 끄덕였다.

수누누와 라일리가 참석한 백악관 회의에서 에너지
부의 신참 직원 한 명이 무심코 화석연료 사용을 줄이는 계
획을 언급하자, 수누누가 직원의 말을 끊었다.

"세계가 화석연료 사용을 왜 줄여야 한다고 생각하나?"

"그건, 기후변화 때문에…." 젊은 직원이 자신 없이 대
답했다.

수누누는 붉으락푸르락했다. "앞으로는 우리 현 정부 내에서 과학적 배경이 없는 사람이 '기후변화'라든가 '지구 온난화' 같은 말을 입에 담지 않길 바라오. 정책에 대한 전문 지식이 없다면 신문 헤드라인에서 떠드는 말을 믿고 결정을 내려서도 안 될 겁니다."

회의가 끝난 뒤 라일리가 복도로 뛰어나와 그 신참 직원을 붙들었다. 그녀는 좀 놀란 듯했다.

"언짢게 생각하지 말아요. 수누누가 당신을 바라보긴 했지만 나 들으라고 한 소리였을 겁니다."

수누누와 라일리는 누가 봐도 알 수 있을 정도로 점점 더 앙숙이 되어갔다. 라일리는 그동안 부동산 개발 업체들뿐 아니라 화학물질과 에너지 관련 기업의 경영진들과도 원만하게 일해왔다. 하지만 수누누 같은 사람은 처음이었다. 라일리의 보수적인 진실성은 그를 환경 로비가 낳은 인물이라고 여기는 수누누에게는 통하지 않았다. 수누누에게 라일리는 과학은 쥐뿔도 모르면서 환경보호국의 친구들에게 감동을 주려고 애쓰는 변호사이자 훈련받은 도시 계획가였다. 그중에서도 수누누가 가장 못마땅하게 여기는 점은 내부 결정이 자신에게 불리해진다 싶으면 언론에 입방아를 찧는 경향이 있다는 것이었다. 환경보호국에 공석이 생길 때면 수누누는 라일리가 백악관에 추천한 인물들에 번번이 거부권을 행사했다. 그는 라일리가 현 정부를 위해 협상할 것이라고 생각하지 않았다. 세계의 환경 거물들이 모여서 IPCC의 협상 절차를 승인하기로 계획된 네덜란드 학회에 앨런 브롬리를 동행시키기로 결정한 것도 라일리에 대한 불신이 큰 이유였다.

우호적인 성격의 라일리는 기후 조약을 대하는 부시의 우유부단함이 수누누 때문이라고 생각하지 않았다. 부시는 지금까지 지구온난화에 각별한 관심을 가졌던 적이 없었다. 과학자들과 그 문제를 진지하게 논의하지도 않았다. (과학자들이 백악관에서 브리핑을 했을 때도 수누누에게 최종적으로 보고되었다.) 부시가 유일하게 관심을 기울였던 때는 전국 순회 선거 유세 중에 언론의 호평을 얻을 요량으로 선거 팸플릿을 뒤져 지구온난화를 거론했을 때뿐이었다. 라일리가 개인적으로 그를 찾아가 행동을 취하라고 설득했을 때도 부시는 수누누와 베이커에게 결정을 미루었다. 당신들 셋이서 좀 해결하고 어떤 식으로든 결정되면 보고나 하라고, 대통령은 말했다.

하지만 네덜란드에 도착했을 때 라일리는 이미 너무 늦어버렸다는 걸 직감했다.

가든파티의 불청객

아침 햇살에 눈을 뜬 레이프 포머런스는 살그머니 호텔을
나와 게양대들이 세워진 곳으로 갔다. 살을 에는 듯한 (11월
6일 북해에 면한 네덜란드의 해안 도시 노르트베이크이니 당연히)
차가운 날씨였지만, 다행히 아직 바람은 거세지 않았고 카
메라맨도 먼저 나와 기다리고 있었다. 호텔과 해변 사이에
일렬로 줄지어 선 60개가 넘는 게양대에는 지구온난화와
관련해서 처음 열리는 정상급 회담에 참석한 각 나라의 국
기가 걸려 있었다. 각국의 환경 관련 장관들은 IPCC가 기
획한 협상 절차를 검토한 뒤에 국제조약의 기본 틀을 승인
할지 말지를 결정할 예정이었다. 대표자들은 회담 주최자

인 네덜란드 장관이 제안한 목표에, 정확히 말하면 2000년까지 온실가스 배출량을 1990년 수준으로 동결하는 데에 다들 동의하는 눈치였다. 어쨌든 토론토에서 제기된 것보다는 덜 부담스러운 목표이기도 했으니까. 회담이 성공한다면, IPCC는 협상에 속도를 높일 수 있을뿐더러 조약도 더 빨리 성사시킬 수 있을 것이다. 적어도 장관들은 구속력 있는 배출량 감소 조약을 승인할 의지를 갖고 있었다. 하여튼 이 해변 호텔의 열기는 거의 현기증 날 정도로 고조되었다. 10년 이상 국제 모임이 숱하게 열렸지만 아무 소득도 없었는데, 이제 드디어 뭔가 의미심장한 합의가 이루어질 모양이었다.

노르트베이크에 초대받은 400여 명의 대표단 명단에 레이프 포머런스의 이름은 없었다. 하지만 그는 3명의 젊은 활동가인 시에라 클럽의 대니얼 베커, 참여과학자모임 Union of Concerned Scientists 의 알든 메이어 Alden Meyer, 지구의 벗 소속인 스튜어트 보일 Stewart Boyle 과 함께 즉석에서 대리인이 되기로 했다. 그들이 즐겨 말하듯, 위임자는 바로 기후였다. 세 사람의 임무는 국제조약의 기반이 될 이번 회담의 최종 성명서에 대표단 전부가 서명하도록 압박하는 것이었다. 또한 토론토에서 제기된 숫자, 그러니까 2005년까지 온실가스 배출량 20퍼센트 감축이라는 목표를 관철하도록 요구할 계획이었다. 아직은 널리 인정받지 못했지만, 토론토 숫자는 감소해야 할 배출량을 언급한 최초이자 유일한 것이었고 동시에 아주 강력한 목표였다. 장관들의 승인이 떨어지면 이 숫자는 국제법으로서의 면모를 갖추게 될 터였다.

네 활동가는 각자 여행 경비를 마련하고 해변의 저렴한 모텔에 방을 얻어 둘씩 나누어 썼다. 네 사람은 네덜란드 장관의 공보 담당 비서로부터 회담장 출입증을 간신히 얻어냈다. 공보 담당 비서가 이들에게 호의적인 태도를 보인 까닭은 항간에 떠도는 말 때문이었다. 미국 대표 윌리엄 라일리를 꼬리표처럼 따라온 앨런 브롬리가 구속력 있는 합의에 반대하자고 일본과 소련 대표 들을 설득할지도 모른다는 소문이었다. 실제로 최근 몇 주 동안 일어난 일은 이것이 전혀 근거 없는 풍문이 아닐 수도 있다는 심증을 굳혀주었다. 상원의원 티머시 워스가 〈워싱턴 포스트〉와의 인터뷰에서 "수누누가 이기고 있다"고 말한 일이나, 10월 18일에 존 채피와 4명의 공화당 상원의원(미네소타주의 루디 보쉬위츠Rudy Boschwitz, 워싱턴주의 슬레이드 고튼Slade Gorton, 버몬트주의 제임스 제포즈James Jeffords, 오리건주의 로버트 팩우드Robert

Packwood)이 강경하고 단호한 어조로 부시에게 노르트베이크 회담에 관한 서한을 보냈다는 점도 소문에 무게를 실어주고 있었다. 이 상원의원들은 네덜란드에 협상가로 참석한 미국 대표들에게 지구온난화에 대한 "강력하고도 구체적인 안案"을 제안할 것을 지시하라고 부시를 몰아붙였다. 그들은 "이 문제에 대해 대통령으로서 지도 역량을 보여주지 않는다면 미국은 계속 세계 사회에 엇갈린 신호를 보내게 될 것이고 그 상태로 내놓는 제안들은 국내뿐 아니라 세계로부터 비난을 살 것"이라고 적었다. 그들은 또 성공적인 협상에는 미국이 현재 수준으로 이산화탄소 배출량을 동결할 것과 감소해야 할 명확한 목표를 설정할 것 그리고 개발도상국들이 재생에너지원을 이용할 수 있도록 도와주겠다는 약속이 포함되어야 한다고 명시했다. 만일 미국 정부가 "이산화탄소 배출과 관련한 적극적인 국내 정책"을 수립하지 못한다면, 다른 나라들이 적절하게 행동을 취하리란 기대도 접어야 한다고도 적었다. 공화당 상원의원들은 자신들의 제안서를 일명 '부시 플랜the Bush plan'이라고 이름 붙이고, 이를 대통령 본인의 주장으로 삼을 것을 제안했다. 그리고 그다음 주에는 40명의 민주당 상원의원들이 부시에게 탄원서를 보냈다.

이런 식으로 탄원이 이어지자 부시는 미국이 "지구 온난화 문제에서 주도적 역할을 할 것"이라는 공약 카드를 다시 꺼냈다. 수누누도 이번에는 순순히 따르는 것처럼 보였다. 노르트베이크로 떠나기 전날인 10월 30일, 라일리와 브롬리는 수누누가 메이플라워 호텔에서 미 증권거래소의 국제 투자자들에게 연설하는 자리에 동석했다. 수누누는 연설의 대부분을 기후변화의 위협에 국제사회의 조직적인 대응이 필요한 까닭을 설명하는 데 할애했다. 한 투자자가 비용을 누가 대느냐고 묻자, 수누누는 고압적인 태도를 드러내며 보충 설명을 이어갔다. "환경의 청지기로서 우리가 책임을 이행하지 않는다면 과연 누가 그 대가를 치를까요?" 수누누는 기후 정책에는 단기적으로 어느 정도 비용이 발생할 수밖에 없다는 사실을 인정하고, "하지만 일단 정책이 수립되어 당장 실행에 옮긴다면 장기적으로, 가령 50년 혹은 100년 뒤에 찾아올 재앙에서 회복하는 데 드는 비용을 훨씬 더 절약할 수 있을 겁니다"라고 설명했다.

그러나 노르트베이크에 도착할 무렵, 브롬리는 이 모든 정황을 모르쇠로 일관하겠다는 듯 보였다. 네덜란드로서는 해수면이 조금만 상승해도 국토의 상당 부분이 잠길 위험에 처한 만큼 미국이 보여준 발전적 태도를 특히 더 예의 주시하고 있었다.

포머런스와 그 일당은 브룸리를 당혹케 할 사건을 매일 일으키기로 작정했다. 그 첫 무대가 바로 게양대였다. 보일과 베커는 일본, 소련, 미국의 국기를 게양대 중간까지 내려 조기弔旗처럼 걸었고, 프랑스 통신사Agence France-Presse의 한 카메라맨이 그 모습을 촬영했다. 그리고 베커는 기자에게 분노에 찬 목소리로, 지구를 구하는 행동을 가로막기 위해 공모한 세 나라를 비난했다. 이 기사는 유럽의 모든 신문들의 첫 페이지를 장식했다.

둘째 날, 포머런스와 베커는 키리바시 대표를 만났다. 키리바시는 태평양 한가운데, 하와이와 오스트레일리아 중간쯤에 위치한 33개의 산호섬으로 이루어진 나라다. 포머런스와 베커는 그가 키리바시의 환경부 장관인지 물었다.

"키리바시는 아주 조그만 나라입니다. 제가 환경부 장관이고, 과학부 장관이기도 합니다. 아무 직책이나 갖다 붙여도 상관없습니다. 중요한 사실은 해수면이 상승하면 우리는 국가 전체가 바닷물에 잠기는 참사를 겪는다는 것입니다."

포머런스와 베커는 눈을 동그랗게 뜨고 서로를 바라보았다. 그리고 키리바시 대표에게 물었다. "만일 저희가

기자회견을 열면, 지금 들려주신 이야기를 그대로 해주실
수 있나요?"

　　몇 분 만에 두 사람은 20명 남짓한 기자들을 한자리
에 모았다.

　　"키리바시에는 제 키보다 더 큰 게 없습니다." 150센
티미터쯤 되는 키의 키리바시 대표는 회견의 말머리를 이
렇게 시작했다. "그래서 해수면이 30센티미터 높아진다고
하면, 제 정강이까지 물이 찬다는 의미가 됩니다."

　　그는 자신의 정강이를 가리키며 말했다.

　　"60센티미터 높아지면 허벅지까지 잠기겠지요."

　　그는 허벅지를 짚었다.

　　"90센티미터가 높아지면 제 허리춤까지 오겠군요."

　　이번에는 허리를 가리켰다.

　　"제가 설명을 잘한 건지 모르겠네요."

　　포머런스와 베커는 넋을 놓고 회견을 들었다. 키리바
시 대표가 그들에게 다가와 물었다. "생각대로 잘된 것 같
습니까?"

　　시작치고는 순조로운, 그리고 반드시 필요한 기자회
견이었다. 최근 포머런스는 여러 해 동안 키워온 환경 운
동의 기세가 꺾여 곤두박이치고 있다는 생각을 떨치지 못

했다. 핸슨의 진술서 검열 사건과 존 수누누의 공격적이고 불가해한 반대 공작은 포머런스가 느끼는 낭패감을 부채질했다. 얼마 전 포머런스가 세계자원연구소 의뢰로 온실가스 배출을 추적하고 쓴 보고서의 결론도 암울했다. 온실가스 최대 배출국인 미국은 전 세계 이산화탄소 배출량의 4분의 1가량을 차지하고 있었으며 그 속도 역시 다른 모든 나라보다 빨라지는 중이었다. 우유부단하고 태만한 부시의 태도로 인해 1991년까지, 아무리 빨라도 1990년까지는 조약의 비준이 연기되어버렸다. 포머런스는 그때가 되면 너무 늦을 것이라는 생각을 접을 수 없었다.

포머런스가 기후의 대리인으로서도 참석할 수 없었던 유일한 자리는 바로 최종 협상이 타결될 마지막 회의였다. 과학자들뿐 아니라 IPCC 진행 요원들도 퇴실해야 했고, 회의실에는 각국의 환경 관련 장관들만 (아 참, 한 사람 더, 앨런 브롬리까지만) 남았다. 포머런스를 포함한 다른 활동가들은 회의실 밖의 카펫 깔린 복도에서 회의가 끝나기를 기다렸다. 화석연료 연소로 야기되는 위험을 백악관에 알리려고 했던 게 벌써 10년 전이라는 사실이 믿기지 않았다. 멕시코만의 동화 속 궁전 같은 호텔에서 학회를 열어 처음으로 미국의 에너지 정책을 다시 쓸 법안을 만들 것과 기후변화를 멈추기 위한 국제적 운동에 미국이 앞장설 것을 요구한 때로부터도 9년이 흘렀다. 포머런스가 국제회의 석상에서 이산화탄소 배출량 목표를 처음으로 제안할 궁리를 한 게 1년 전이었다. 그리고 지금, 새로운 10년의 시작을 눈앞에 두고서 60개 이상의 국가에서 모인 고위급 인사들이 구속력 있는 국제조약의 장점을 협상하고 있다. 은밀한 토론을 하는 각국의 대표들과 자신을 분리한 벽을 응시하면서, 포머런스는 그간의 모든 노력이 헛수고가 아니었기를 희망해보았다.

아침에 시작된 이 마지막 회의는 예상을 훨씬 뛰어넘어 늦은 밤까지 계속되었다. 회의실에 있는 대부분의 대표자들은 노르트베이크로 날아올 때 이미 네덜란드 제안에 서명할 준비를 하고 있었기 때문에 마지막 회의가 이토록 길어질 줄은 예상하지 못했다. 대표자들은 화장실에 가려면 복도에 진을 친 활동가들 틈을 비집고 걸어야 했다. 회의실 문이 열리고 누군가 나올 때마다 활동가들은 벌떡 일어나 새로이 진척된 내용을 물어보기 바빴다. 대표들은 너나 할 것 없이 의도적으로 침묵했지만, 협상이 한밤중을 넘어서면서부터는 그들의 진 빠진 표정과 풀어 헤친 옷깃에서 짜증과 화가 그대로 드러났다. 그리고 얼마 후, 스웨덴 대표가 회의실 밖으로 나왔다.

"어떻게 되고 있습니까?" 이미 백번도 넘게 나온 질문을 베커가 큰 소리로 또 물었다.

"당신네 **정부**가 일을 개판으로 만들고 있소이다." 스웨덴 대표가 말했다.

동틀 무렵, 몹시 지친 모습으로 대표들이 문을 열고 나오는 순간 베커와 포머런스는 어떤 결론이 내려졌는지 직감했다. 존 수누누의 분부대로 브롬리는 영국, 일본, 소련의 묵인 아래 배출량 동결을 위한 약속을 채택하지 않기로 협상을 종용했다. 최종 성명서에는 "많은" 국가가 배출량 안정화를 지지한다고만 명시되었을 뿐, 동의하는 국가명이나 안정화 수준, 기한에 대해서는 아무런 언급이 없었다. 이로써 희망과 절망을 오락가락하며 맹렬히 달려왔던 10년의 노력은 모두 수포로 돌아갔다.

환경 운동가들은 오전 내내 인터뷰를 하고 보도 자료를 썼다. 베커는 결론에 반대한 국가들을 "가든파티의 불청객"이라고 칭하고 "회담은 실패했다고 결론지어야 한다"고 말했다. 그린피스는 이 회담을 한마디로 "재앙"이라고 불렀다. 워싱턴에서는 앨 고어가 의사당 복도에서 부시를 비난하는 논평을 발표했다. 그는 부시가 호기롭게도 "백악관White House 효과"를 들먹였지만, 대통령은 지금 "눈가림Whitewash 효과"를 보여주고 있다고 비난했다. 티머시 워스는 미국이 "지도자가 아니라 신용이 불량한 파트너"에 불과하다는 사실을 스스로 보여준 꼴이라고 말했다. 그리고 이어서 "창피해서 얼굴을 들 수가 없다"고 내뱉었다.

포머런스는 좀 더 외교적 차원에서 대응하려고 노력했다. 그는 〈워싱턴 포스트〉와의 인터뷰에서 "대통령은 미국 국민에게 지구온난화를 해결하겠다고 약속했으나, 이를 이행하지 않았다"고 말했다. 포머런스는 '실패'라는 말을 입 밖에 내고 싶지 않았다. 그는 "기본 토대는 어느 정도 마련되었다"고 본다고 말했으며, 실제로도 빈말이 아니었다. 오존 문제를 합의한 몬트리올 의정서도 허점이 많고 규제 조항도 허술해서 처음에는 완벽하지 않았다. 하지만 일단 가동할 준비가 되자, 규제 조항들이 치밀해지면서 제 모양을 갖추어갔다. 어쩌면 기후변화 문제에서도 그와 같은 일이 일어날 수 있을 것이다. 정말로 어쩌면. 포머런스는 염세주의자가 아니었다. 윌리엄 라일리가 본인의 의지와 상관없이 의무적으로 미 정부의 공식 입장을 밝히는 자리에서 기자들에게 말했듯이, 미국은 처음으로 이산화탄소 배출량 제한이라는 개념을 인정했다. 포머런스는 이만큼 온

것도 발전이라고 믿고 싶었다. 하지만 그 믿음을 갖기 위해서 그는 석탄 보고서의 첫 페이지를 연 이래로 여태껏 배우고 깨달은 모든 것을 머릿속에서 지워야 했다. 포머런스는 지금까지 자신의 모든 용기를 끌어모아 의회를 향해, 3명의 대통령을 향해 그리고 세상을 향해 지구의 미래에 대한 진실을 이야기했다. 하지만 혼자 되뇔 수밖에 없는 말도 있었다.

네덜란드를 떠나기 전에 포머런스는 다른 활동가들과 회담의 결과를 애석해하며 간단하게 뒤풀이를 했다. 그는 다음 날 워싱턴으로 돌아가면 자신이 지금껏 해온 모든 일들을 처음부터 다시 시작하리란 걸 알고 있었다. 두 달 뒤에는 IPCC 정책팀 회의가 에든버러에서 열릴 예정이었는데, 노르트베이크 회담의 실패로 조약에 대한 회원국들의 기대가 꺾일지 모른다는 우려가 벌써부터 거론되고 있었다. 그러나 포머런스는 조금도 풀 죽지 않았다. 풀 죽을 이유도 없었으니까. 실망한 기색이 역력한 다른 활동가들도 포머런스의 결연한 의지를 보고 마음을 추슬렀다. 며칠 뒤 알든 메이어는 미국이 노르트베이크에서 강력한 성명서를 도출하지 못한 이유를 조사하기 위해 매사추세츠주 민주당 상원의원 존 케리가 소환한 상원의원 청문회에 앨런 브롬리와 함께 증인으로 출석할 예정이었다. "오늘 벌어진 이 상황을 한마디로 요약하면, '부시가 망설이는 동안 지구는 뜨거워진다'입니다." 메이어가 말했다. 스튜어트 보일은 런던으로 돌아가 1월에 발표할 보고서 편집을 마무리할 예정이었다. 그는 보고서에 "국제적 동의를 기다리는 것보다 개별적으로 행동할 경우" 저비용으로 이산화탄소 배출량을 극적으로 줄이는 게 가능할 수도 있다고 주장할 계획이다. 그리고 대니얼 베커는 자동차의 연료 표준을 상향 조정하기 위한 시에라 클럽의 운동을 재개할 예정이었다. 하지만 베커가 가장 바라는 일은 아내와 다시 만나는 것이었다. 최근에 두 사람은 첫 아기를 임신한 사실을 알게 되었기 때문이다.

베커 부부는 친구들을 만나기 위해 회담 일정보다 며칠 더 일찍 네덜란드에 도착했다. 친구들은 두 사람을 위해 네덜란드 남서부의 질란드주로 당일치기 여행을 계획했다. 질란드주에는 바다를 향해 흐르는 3개의 강이 있는데, 1953년 대홍수로 강이 범람하면서 많은 지역이 침수되었다. 당시 사망자는 2,000명이 넘었다. 도전적인 네덜란드인들은 델타 웍스Delta Works(델타 플랜Delta Plan이라고도 한다), 일명 삼각주 계획을 세우고 이동이 가능한 장벽, 댐, 수문으로 이루어진 거대한 요새를 건설했다. 델타 웍스는 두 눈으로 보면서도 믿기지 않을 만큼 놀라운, 그야말로 인간의 창의력과 상상력이 낳은 웅대한 작품이었다. 노르트베이크에 머무는 동안 베커는 만나는 사람마다 델타 웍스에 대한 이야기를 늘어놓았다. 유사시에는 델타 웍스 전체가 90분 안에 정해진 자리에 고정되면서 이른바 콘크리트와 강철로 이루어진 역장力場을 형성하여 폭풍해일로부터 육지를 방어할 수 있다. 델타 웍스는 700여 킬로미터에 이르는 네덜란드 남서부 영토를 바다로부터 격리해준다. 미국의 해안선은 약 15만 킬로미터에 이른다. 지구 전체로 따지면 해안지대의 길이는 얼마나 될까? 베커는 이 세상 전체에 델타 웍스가 필요할 날이 올 것이라고, 그는 질란드에서 미래를 보았다고 말했다.

당신은 말하죠, 넌 길을 잃었어,

맞아요.

지도는 달라졌어요.

그리고 나도 변했죠.

해초 사이를 헤엄치다

그 아래서 이상한 걸 보았죠.

자동차들이 와이퍼로 앞 유리를 닦으며

멈춰 있어요.

갈 곳이 없어요!

만년설이 녹아요, 오 호, 호 호!

온 세상이 물에 잠겨가요.

호, 호 호, 호 호!

만년설이 녹고 있죠,

밀물이 밀려오고

온 세상이 물에 잠겨가요.

우리 죄를 씻으려고 말이에요.

티니 팀 Tiny Tim, 〈다른 세상 The Other Side〉, 1967

나가며

유리 보트

나는 윌리엄 라일리에게 물었다. 존 수누누가 지구온난화라는 대재앙을 막기 위한 구속력 있는 국제조약의 성사를 가로막는 유일한 훼방꾼이었느냐고.

"그렇기도 하고, 아니기도 합니다." 라일리가 답했다.

라일리도 수누누의 훼방이 결정적이었다고 인정했다. 전방위적이고 조직적인 반대 세력이 약했을 때 기후 정책에 대한 대중의 지지는 최고로 높았고 IPCC의 협상 절차도 초당적인 강력한 지지를 받고 있었다. 노르트베이크에서 전반적으로 합의된 조건대로 구속력 있는 조약이 성사되었더라면 온난화 추세를 섭씨 1.5도 상승에서 방어할 수 있었을지도 모른다.

그러나 최초의 IPCC 협약은 그 뒤로도 2년 6개월에 걸친 기나긴 협상 끝에, 1992년 전 세계 정상급 지도자들이 역사상 가장 많이 한자리에 모였던 리우 회의Rio Earth Summit(또는 지구 정상 회의)에서 비로소 마무리되었다. (이 회의에서 라일리는 미국 대표단을 이끌었고, 어정쩡한 태도를 보이던 조지 H. W. 부시도 결국 참석했다.) 리우 회의 중 언제라도 부시는 구속력 있는 조약을 요구하거나 강력히 밀고 나갈 수 있었다. 소련 해체 이후 미국은 경제와 군사 면에서 세계 질서를 지배하는 유일한 국가였을 뿐 아니라 전 세계 연간 이산화탄소 배출량에서 3분의 1 이상을 차지했다. 부시의 수석 자문 과학자 앨런 브롬리는 노르트베이크에서 라일리와 일주일간 동행한 뒤에 태도를 바꾸어, 주요한 기후 정책을 지지하기 시작했고 탄소세를 포함해 생태계 보호를 위한 일종의 인센티브 프로그램인 배출권 거래제cap-and-trade plan를 재고하도록 부시를 압박하기도 했다. 부시 정부 안에서는 라일리가 브롬리를 세뇌했다는 우스갯소리가 돌기도 했다. 그리고 협상의 마무리를 6개월 앞두었을 즈음 존 수누누는 이의를 제기할 힘마저도 모두 잃었다. 뉴햄프셔에서 치과 진료를 받기 위해 군용 항공기를 사적으

로 이용한 것을 시작으로 몰염치한 행각을 일삼다가 1991
년 12월 결국 자리에서 물러났기 때문이다.

하지만 그즈음 부시의 경제위원회 전체가 돌연 입장
을 바꿔 배출량 감소에 따르는 이익을, 당장 부담해야 하
는 경제적 비용과 비교 검토해야 한다는 주장을 전면에 내
세웠다. 그리고 비용과 이익은 반드시 정확하게, 아주 천천
히, 의도적으로 계산되어야 한다고 주장했다. 백악관에서
있었던 한 회의에서 경제위원회 소속의 한 위원은 환경 운
동가들이 매우 특이한 비용편익분석 프로그램을 이용해서
조약의 조항들을 좌우하려 한다면서 부시에게 그들을 제
지하라고 경고했다. 그 위원은 "대통령님, 이것은 각하께서
내려야 할 경제적 결정입니다"라고 말했다.

노르트베이크 회담에 대한 책임과 더 나아가 구속력
있는 조약의 성립을 훼방한 혐의가 수누누에게 있다손 치
자. 그러면 그의 방해가 쉽게 성공한 이유는 뭘까? 도대체
기후 개선에 대한 지지층이 얼마나 얄팍했기에 부시 정부
내의 반대자 한 사람의 입김만으로도 무너진 걸까?

나는 라일리에게 물었던 것과 같은 질문을 수누누에
게도 던졌다. 당신이 아니었다면, 지금 우리가 효과적인 지
구온난화 조약을 갖게 되었을까? 만일 당신이 동일한 **열정**

으로 구속력 있는 기후 조약을 지지하는 쪽에 섰다면, 조약이 성사되었을까?

"그런 일은 벌어지지 않았을 거요." 수누누가 말했다. "왜냐하면 당시 세계의 지도자들은 기후 정책을 적당히 지지하는 모양새만 갖추길 원했다오. 자국의 자원을 헌신적으로 써가면서 비용을 치르기는 원치 않았지. 겉으로 드러내지만 않았을 뿐 당시에 그것은 공공연하고 추잡한 비밀이었다오." 수누누는 지금도 당시의 IPCC 협상 절차가 결국 가짜 약속들을 남길 수밖에 없는, 체면치레를 위한 무의미하고 상징적인 행동에 불과했다고 믿는다. 설령 미국이 엄격한 조약에 서명했더라도 이산화탄소 배출량에는 아무런 영향도 미치지 못했을 것이라고 확신하고 있었다.

이에 대한 직접적인 증거를 앨런 브롬리도 갖고 있었다. 2005년 사망한 직후에 출간된 회고록에 그는 노르트베이크 참석자들의 경제와 기술에 대한 이해도가 "놀라울 만큼" 부족했다고 언급했다. 유럽 주요 국가의 대표들에게 온실가스 배출량을 일정 수준으로 유지할 방법이 있느냐고 물었지만 아무도 대답하지 못했다고 적었다. 어떤 이는 "낸들 알겠소? 어쨌든 기껏해야 종이 한 장인데 거기 적힌 대로 행동하지 않았다고 감옥에 갇힐 일은 없지 않겠소"라고 말했다고 했다.

그러니까 구속력 있는 세계 조약의 삼단논법은 이러하다. 범세계적인 경찰력이 없고, 배출량 목표를 달성하지 못했을 때 경제적 제재나 군사행동에 돌입할 욕구도 없으니, 그냥 각자 알아서 하는 수밖에 없다. 결국 각자 알아서 할 수밖에 없는데 구속력 있는 조약이 무슨 소용인가? 존수누누의 말마따나, "다른 나라들이 말에 올라타겠노라고 말하는데 우리가 아무런 약속을 하지 않으면, 우리도 함께 올라탄 것처럼 보일 수 있다. 그리고 솔직히 말하면, 그게 우리의 현주소다".

지금 우리의 현주소는 어떨까? 1989년 11월 7일, 그러니까 노르트베이크 회담 마지막 날부터 현재까지, 우리는 인류 문명 전체를 통틀어 배출된 것보다 훨씬 더 많은 양의 이산화탄소를 대기로 쏟아냈다. 지구는 마지막 빙하기, 즉 지금보다 해수면이 약 6미터 더 높았던 11만 5,000년 전보다 더 더워졌다. 1990년 한 해에 인간은 200억 톤이 넘는 이산화탄소를 배출했다. 2018년에 우리가 배출한 이산화탄소는 371억 톤이라는 기록적인 숫자를 거뜬히 넘길 것이다(이 책의 원서는 2019년 4월에 출간되었다 ─ 옮긴이 주). 21세기로 접어든 뒤에도 세상에서 가장 빨리 소모되는 에너지원은 석탄이다. 차니 보고서 이후 연구와 재생에너지, 강제성 없는 조약, 약속과 공약 들에 엄청나게 투자해서 온갖 조치가 취해졌음에도 우리가 신경 써야 할 유일한 숫자, 즉 온실가스 배출량은 아주 그악스럽게 커지고만 있다.

여기까지 오는 동안 기후 문제에 대한 우리의 인식은 사실상 달라진 게 없다. 스탠퍼드대학에 있는 카네기과학연구소의 켄 칼데이라는 대학원 신입생들을 만나면 늘 똑같은 질문을 던진다. 1979년부터 지금까지 기후물리학에서 가장 중요한 비약적 발전은 무엇인가? 알고 보면 학생들을 당황하게 만들려는 짓궂은 질문이다. 비약적 발전 따위는 없다. 깊이 있는 과학의 여러 분야들과 마찬가지로, 기후물리학도 개선되고 다듬어질 뿐이다. 시간이 갈수록 컴퓨터 모델은 더 정확해지고, 국지적 분석 기술도 조금씩 더 정밀해지며, 추정과 예측은 더 많은 관측 데이터로 확고해진다. 부정확이라는 말은 점차 꼬리를 감춰가고 있다. 칼데이라의 연구 결과도 이 세상이 대부분의 기후 모델들이 예측한 것보다 훨씬 더 빠르게 더워지고 있음을 증명해 보였다. 그는 지금까지 제기된 가장 강력한 배출량 감소 조치를 시행하더라도 "안정적인 기온이라고 제시된 대략의 기온"에 근접하지 못할 수 있다고 생각한다.

정치 쪽 이야기도 세부적인 특이 사항 몇 가지를 제외하면 크게 달라지지 않았다. 수누누는 옳았다. 적어도 지금까지 가장 적극적으로 기후 정책을 지지했던 네덜란드, 캐나다, 덴마크, 오스트레일리아를 포함한 몇몇 국가들조차 자신들이 내걸었던 약속을 충실히 이행하지 않았다는 점에서는 말이다. 윌리엄 노드하우스는 이 문제를 간단명료하게 진단했다. "국가는 강력한 동기를 제공하여 고귀하고 야심 찬 목표를 선언한다. 그다음에 국가가 하는 일은 그 목표들을 깡그리 무시하고 평소 하던 대로 돌아가는 것이다." 전 세계에서 단 일곱 국가만이 지구 기온 섭씨 2도 상승을 사수하기 위한 수준까지 이산화탄소 배출량을 제한하는 데 가까스로 성공하고 있다. 인도, 필리핀, 감비아, 모로코, 에티오피아, 코스타리카, 부탄이 그 나라들이다. 구속력이 있는 조약이라면 무조건 못마땅해했던 미국은 어떨까? 화석연료 업계의 방종이 공화당의 간사한 선동과 맞물려 과학적 사실은 은폐되고 대중은 혼란에 빠졌고 정치인들은 매수되었다는 것이 지난 25년 동안 미국의 상황에 대한 지배적인 설명이다.

이처럼 거만하고 부패한 선동은 업계가 늘 그런 식

으로 작동해왔다는 강한 인상을 남겨놓았다. 1970년대와 1980년대의 엑슨 과학자들과 미국석유협회 고관들이 선한 사마리아인은 아니었지만, 적어도 그들은 수백만 달러를 쏟아부어 조직적으로 허위 정보를 유포하거나 과학자들을 매수하여 거짓 진술을 하게 한다든지, 그들의 후임처럼 어린 학생들을 세뇌하려 들지는 않았다. 맹렬한 역공의 시작은 제임스 핸슨이 의회에서 증언했던 1988년 6월 23일로 거슬러 올라간다. 엑슨의 듀엔 르바인은 홍보 책임자와 전략을 의논한 뒤, 1989년 2월 중역들 앞에서 온실효과에 대한 설명회를 열었다. 그 자리에서 르바인은 "과학적 결론의 불확실성"을 강조했다. 또한 지구온난화 정책이 오존 정책의 궤적을 엇비슷하게 따를 것이라고, 그래서 1992년쯤 국제조약이 성사될 것이라고 (실제로 그렇게 되었고) 추측했다. 그는 지구온난화의 규모와 시기에 대한 예측을 완전히 신뢰할 수 없으므로, "화석연료를 너무 서둘러 제한하는" 결과를 초래할 수도 있는 "엄격한" 정책만큼은 반드시 저지해야 한다고 주장했다. 하지만 르바인은 경제와 환경에 유익한 에너지 보존, 재식림, 재생에너지 개발과 같은 제안과 더불어, 1년 전 어빙 민처가 미국석유협회에서 의견을 냈고 그보다 훨씬 전인 1980년 분홍 궁전에서 레이프 포머런스가 제시했던 수준으로 이산화탄소 배출량을 줄이는 조치를 실행하는 데에는 찬성했다.

1989년 7월에는 테리 요시가 "지구의 기후변화에 대한 입장"이라는 제목으로 미국석유협회를 대변하는 성명서 초안을 작성했다. 성명서는 "이 문제에 대한 오늘날의 한정된 이해를 바탕으로" 만들어진 정책들은 "시기상조"이고 "역효과"를 불러올 수도 있다고 경고하는 한편, "기후변화의 위협을 줄이는 조치들"에 대해서는 적극 지지하며, 그러는 것이 이치에 맞는다고 주장한 대목 등 르바인의 주장을 거의 똑같이 베낀 것 같았다.

1990년 2월, 노르트베이크 회담이 있은 지 두 달 만에 쌍둥이 같은 이 두 성명서는 전 세계 석유 업계의 기본값이 되었다. 그렇게 엑슨의 르바인은 국제석유산업환경보존협회International Petroleum Industry Environmental Conservation Association에서 IPCC 측과의 교섭을 담당한 기후변화 대응 실무단 단장직을 맡게 되었다. 요시도 이 실무단에 속해 있었다. 엑슨의 기후 전문가 브라이언 플래너리를 비롯해 셸과 텍사코Texaco, BP 아메리카, 사우디 아람코Saudi Aramco 와 같은 굴지의 기업에서 실무단에 합류한 사람들도 있었다. 엑슨과 미국석유협회의 입장 성명서는 IPCC 회원들을 위해 제작한 브리핑 책자에 실렸다. 요시가 알려준 바에 따르면 당시 업계는 헨리 쇼가 보여준 것과 같은 "방어" 자세를 취하고 있었다. 불가피해 보이는 정책 변화의 움직임을 어떻게든 늦추려고 회의론과 화해의 몸짓을 섞은 모양새였다.

하지만 예상치 못한 곳에서 훨씬 더 전투적인 접근법이 동시에 추진되고 있었다. 핸슨 청문회 이후 이산화탄소 정책에 할당되었던 미국석유협회의 예산은 대략 10만 달러였는데, 그중 극히 일부가 로비 조직을 설립하는 데에 쓰였다. 모호하고 기만적인 신조어의 유행을 따라 조직의 명칭도 지구기후연합Global Climate Coalition, GCC이었다. 처음에는 전미제조업협회National Association of Manufacturers의 사무실을 얻어 썼지만, 미 상무부와 석탄, 전력망, 자동차 관련 업계를 포함하여 13개의 무역 관련 협회들이 합류하면서 회원이 순식간에 몇 배로 늘어났다. GCC의 설립 취지는 각계에서 제안하는 규제들을 발 빠르게 공유하고 대응하는 것이었으나 어느 순간 언론을 통한 선전 운동으로 방향을 틀었다. 베테랑 로비스트 찰스 샌들러Charles Sandler, 〈휴스턴 포스트Houston Post〉의 워싱턴 지부장과 전미신문기자협회National Press Club 회장을 역임한 바 있는 아서 비제Arthur Wiese가 이끄는 미국석유협회의 대언론 창구와 손발을 맞추기 위해서였다. GCC는 친한 정치인들과 꾸준히 정보를 공유하고 지구온난화가 의심스럽다고 공언한 과학자들과 접촉했다. 오존 고갈 논쟁에서 회의적 입장을 대표했던 버지니아대학의 프레드 싱어Fred Singer 와 패트릭 마이클스Patrick Michaels, 나치 독일에서 탈출한 난민의 아들로, MIT의 기상학자였고 권위적 관념론에 사로잡혀 과학을 악용한다고 못마땅해한 존 수누누의 주장에 동의한 리처드 린드젠Richard Lindzen 이 바로 그 대표적인 과학자들이었다. 첫 기명 논평자에게 미국석유협회는 2,000달러를 제공했다.

1989년 10월, GCC 과학자들의 논평이 국내 언론에 표면화되기 시작했다. 그들은 논란의 여지가 없는 문제에 편리한 근거를 둘러댔다. "존경받는 많은 과학자들이 현재의 증거로는 종말적인 경고를 입증하지 못한다고 말한다"는 AP 통신의 주요 기사에 대해 린드젠은 "빙그레 웃으며" 이렇게 말했다. "모두가 잘 알다시피, 우리는 정확하게 날씨를 예측할 수 없습니다." 이 말은 유용한 반복 어구였다. 회의론자들의 과학적 주장은 민낯을 드러냈지만, "과학계"에서 그들의 관대한 성품에 이의를 제기하지는 않았다. 〈타임스〉는 프레드 싱어의 편지를 공개했는데, 싱어는

"온실효과로 인한 기후 온난화에 대한 과학계의 견해에는 상당한 의문점이" 있다고 주장했다. 〈포브스〉는 "지구온난화 패닉"이라는 제목으로 표지를 장식했고, 심지어 2년 동안 기후 관련 기사를 빈번하게 다루었던 〈뉴스위크〉도 "그냥 뜨거운 바람일 뿐인가?"라는 질문을 던졌다. 균형 잡힌 보도라는 저널리즘 전가의 보도를 확실히 꺼내든 셈이었다. 이처럼 "과학계에 대한 의심"을 다루는 기사들이 갑자기 우세해진 가운데, 1991년 〈사이언스〉는 미국 과학계에서 "노골적으로 온실 반대론"을 주장하는 이는 "6명쯤"이라고 밝혔다.

시쳇말로 가성비 좋은 GCC 유사 단체가 우후죽순처럼 늘어나기 시작했다. 이 단체들의 냉소주의적 성격은 명칭에도 적나라하게 드러났다. 환경을 생각하는 시민 Citizens for the Environment, 환경정보위원회 Information Council on the Environment, ICE, 건전한 과학 발전 연합 Advancement of Sound Science Coalition, 냉철한 두뇌 연합 Cooler Heads Coalition, 지구 기후 정보 프로젝트 Global Climate Information Project, 그리고 핵무기 해체를 위해 미국이 주축이 된 다자간 공동 정책을 설계한 사람의 이름을 딴 조지 마셜 연구소 George C. Marshall Institute 등이었다. 조지 마셜 연구소는 1984년에 레이건의 강경한 핵 정책을 지원하기 위해 설립된 단체로 제임스 핸슨이 나사에 근무할 당시 첫 상사였던 로버트 재스트로 Robert Jastrow가 수장으로 있었으며, 〈변화하는 기후〉 보고서의 총 책임자였던 윌리엄 니런버그도 주요 인물 가운데 한 사람이었다. (니런버그는 1996년에 있었던 한 인터뷰에서 150년 안에는 기후변화의 심각한 결과들을 체감하기 어려울 뿐더러 그 전에 혁신적인 기술이 발명되어 문제를 해결할 것으로 믿고 있으며, 그 기술이란 핵에너지로 화석연료를 대체하는 방식이 될 가능성이 크다고 말했다.) 국내총생산에서 막대한 부분을 차지하고 있는 기업들이 이런 단체에 자금을 댔다.

1992년 리우 회의 준비 기간 동안 끈질기게 설득한 결과, 개별 조항 수준까지 간신히 합의를 이끌어냈지만 부시는 구체적인 배출량 감소 목표는 끝내 약속하지 않았다. 이듬해 빌 클린턴 대통령이 리우 협약에서 정한 목표들을 염두에 두고서 에너지 세금을 부과할 것을 제안했으나, 미국 석유협회의 2인자였던 윌리엄 오키프는 GCC를 감독한다는 명목으로 책정한 협회 예산 중 180만 달러를 GCC의 허위 정보 유포 운동에 쏟아부었다. 민주당 상원 의원 가운데 석유와 석탄을 생산하는 주의 의원들은 공화당 의원들과 합세하여 클린턴이 제안한 세금 정책을 무산

시켰다. 여기 가담한 의원들에게 1994년 중간선거 완패와 40년 만에 처음으로 공화당에 상·하원을 모두 빼앗겼다는 비난이 쏟아졌다. 1990년대가 끝날 때까지 GCC는 기후 정책에 대한 대중의 지지를 무너뜨리는 데에만 매년 최소 한 100만 달러를 썼다.

하지만 IPCC 협상 절차는 1997년 교토 회의 직전 까지 계속되었다. 한 번의 상원 임기를 마치고 은퇴한 티머 시 워스는 차관으로서 국제 행사 때마다 미국 대표단을 이 끌었다. 레이프 포머런스도 해양 및 국제 환경 과학국 State Department's Bureau of Oceans and International Environmental and Scientific Affairs 의 부차관보 자격으로 티머시 일행에 합류했다. 티머 시 워스 팀이 배출량 감축과 탄소 거래에 대한 지지를 얻기 위해 쏟아부은 모든 노력은 GCC와 결탁한 산업계와 공 화당으로부터 맹렬한 공격을 받았다. 티머시 워스 팀의 적 극적인 지원에도 클린턴과 앨 고어는 본인들의 행정부, 그 중에서도 경제 자문단 내의 반대파를 꺾지 못했다. 미국 대 표단이 교토 의정서를 지지했음에도, 그래서 20년 안에 온 실가스 배출량을 평균 5퍼센트까지 감축하는 데에 동의했 음에도 이 안건은 의회의 비준을 받기 위한 절차에 들어가 지도 못했다. GCC가 선전용 광고 한 편에 무려 130만 달러를 쏟아부은 뒤, 곧바로 상원은 조약 반대를 선언하는 결의안을 표결에 붙여 선제공격에 나섰다. 결과는 95 대 0. 그로부터 지금까지 구속력 있는 기후 협약 협상을 위한 진지한 노력은 없었다. 행동을 취할 단계에 가까워질수록 반발은 더욱 거세졌고, 그때마다 더욱 위축되어 한발씩 뒤로 물러선 것이다.

GCC는 조직의 전술을 못마땅해한 몇몇 주요 회원들이 탈퇴하자 2002년에 해체되었다. 셸의 한 임직원은 "우리는 자기가 한 거짓말에 넘어가 함정에 빠진 담배 회사들의 전철을 밟지 않으려고 했다"고 말했다. 게다가 이제는 그런 거짓말 따위는 들어주는 사람도 없다. 조지 W. 부시가 다국적 석유 기업 할리버튼Halliburton의 최고 경영자를 5년 동안 역임했던 딕 체니와 손잡고 고어에게 참패를 안기며 백악관에 입성했다. 그 시점에서, 이전 10년 동안 기후 정책에 맞서 불패의 행진을 거듭하면서 대담해진 GCC를 비롯한 그 사촌 단체들은 뻔뻔하게도 홍보 전략을 절묘하게 수정했다. 이들은 더 이상 기후변화의 "규모와 시기"가 불확실하다는 꼬투리를 잡지 않았고, 최악의 시나리오가 벌어질 가능성에 대해서도 한발 양보했다. 대신 이번에는 좀 더 무모한 주장을 내세웠다. 19세기에 존 틴들과 스반테 아레니우스가 확립했고 줄 차니의 과학 팀이 1979년에 또 한 번 그 진가를 인정했으며 그 후로도 모든 주요 연구에서 사실이 입증된 **기후변화에 대한 기본적인 과학**의 **실체가 모호하다**고 (노예제도가 남북전쟁의 근본 원인이 아니었다고 주장하다가 노예제도 자체가 존재하지 않았다는 말장난으로 별안간 입장을 바꾼 역사학자처럼) 주장하기 시작한 것이다. 조지 W. 부시 본인도 기후변화의 실재를 인정하고 온실가스 배출량 감소를 약속했고(결국 말과 행동은 달랐지만), 2008년 대통령 선거 운동 기간에 공화당 후보 존 매케인John McCain은 미국의 이산화탄소 배출량 제한 의무화를 제안했음에도, 버락 오바마Barak Hussein Obama II 취임 이후 공화당은 부정과 거부를 교리로 삼은 종교 집단처럼 변했다. 2009년에는 포괄적인 기후 법안이 하원을 통과하고서도 상원에서 무산되었는데 당시 상원의 다수당은 59석을 차지한 민주당이었다. 석유 및 가스 관련 기업들이 에너지 법안을 무력화하기 위해 로비에 쏟아부은 돈은 2009년 한 해에만 5억 달러 가까이 됐다.

　　로비 활동의 가장 큰 후원자는 엑슨 모빌이었다. 엑슨은 2008년, 나중에 소송까지 끌고 간 록펠러 가문을 포함한 주주들의 압박에 못 이겨, 기후 회의론을 조장하는 '공공 정책 연구 집단'들에 더 이상 자금을 지원하지 않겠노라고 선언했다. 그러나 엑슨 모빌은 젊고 매력적인 과학자가 녹조류를 연구하는 장면이 들어간 텔레비전 광고를 내보내는 지금 이 순간에도 자금 지원을 계속하고 있다. 이런 이중적 행태로 인해 엑슨은 2015년에 본격적으로 시작되었고 앞으로도 한 세대 동안 지속될 손해배상 청구 소송의 레이더에 쉽게 걸려들었다. 최근 몇 년 동안 지구 전체의 배출량에서 지역별 비율이 더욱 정확하게 밝혀짐에 따라 불법행위에 대한 소송은 기후 문제를 해결할 한 가지 대안으로 떠올랐다. 그 밖에도 대기오염 방지법, 국가 환경 정책법, 멸종위기종 보호법, 미 연방헌법 수정 제5조와 제9조, 돌봄 조항, 권력분립 정책, 공익 재단 정책 등도 같은 맥락에서 이용되는 법규들이다. 비난과 책임의 할당, 이것이 1979년 이래로 혁혁한 발전을 거듭해온 기후 과학의 한 페이지다.

법 제도를 이용한 이러한 다면적인 시도들이 내세우는 슬로건이 있다. "엑슨은 알고 있었다"가 그것이다. 다른 석유 및 가스 관련 대기업의 임직원들이 그랬듯, 엑슨과 그 전신인 험블 오일의 임직원들이 기후변화의 위험성을 적어도 1950년대부터 알고 있었고, 그럼에도 이산화탄소 배출량을 줄이기 위한 어떠한 시도도 하지 않았다는 것은 명백한 사실이다. 물론 미국 이산화탄소 배출량의 5분의 1을 차지하는 자동차 업계도, 알고 있었다. 자동차 업계가 이산화탄소와 관련된 연구를 시작한 것은 1970년대부터였다. 일례로 GM은 1981년에 온실효과를 주제로 과학 학회를 개최했고, 〈변화하는 기후〉 보고서 발표회에 부사장을 참석시켰다. 그리고 1980년대 내내 기후학자 루스 렉Ruth Reck을 고용하여 기업 내에서 실시한 기후변화 연구의 감독을 맡기기도 했다. 미국 이산화탄소 배출량의 약 29퍼센트를 차지하는 전력 공급 회사들도 이미 알고 있었다. 전기의 이용과 공급에 대한 연구를 수행하는 미국 전력연구소Electric Power Research Institute는 1970년대부터 기후와 관련된 연구를 시작했다. 현재 우리가 속수무책 상태에 빠져서 필요 이상으로 커다란 고통을 겪는 데에는 '알고 있었던' 모든 기업의 책임이 크다. 하지만 전적으로 기업들 탓만은 아니다.

미국 정부도 알고 있었다. 로저 레벨이 케네디 정부의 과학 고문을 맡은 것은 마우나 로아에 이산화탄소 프로그램을 창설하고 5년 뒤인 1961년이었다. 그 이후로 모든 대통령이 기후 정책을 시행했을 때의 장점들을 고민하기 시작했다. 의회는 40년 동안 기후 관련 청문회를 열었고, 정보기관들은 그보다 더 오랫동안 기후 문제를 추적했다. 권위 있는 과학 저널 〈네이처〉와 〈사이언스〉에는 거의 반세기 전부터 기후변화에 관한 연구들이 실리고 있다.

환경 운동가들은 어떨까? 1970년대 말부터 시에라클럽과 국립천연자원보호위원회의 회보에 기후 문제가 기삿거리로 등장하기 시작했으니 물론 그들도 알고 있었다. 그러나 지구의 벗과 세계자원연구소를 제외하면, 1980년대 말까지 기후 위기를 해결하기 위해 지속적인 노력을 기울인 환경 운동가들은 없었다.

모든 사람이 알고 있었다. 로저 레벨과 한스 쥐스가 인간이 "거대한 규모의 지구물리학적 실험"을 강행하고 있다는 내용의 기념비적 논문을 발표하기 4년 전인 1953년에 〈타임〉과 〈뉴욕 타임스〉 그리고 〈파퓰러 메커닉스Popular Mechanics〉는 캐나다의 물리학자 길버트 플래스Gilbert Plass의 발견에 대한 기사를 실었다. 플래스는 연구를 통해 화석연료가 지구의 온도를 이미 섭씨 1도 높여놓았을 가능성을 발견했다. 플래스는 진짜 나쁜 상황은 아직 시작도 안 되었다고 예언했고 〈타임〉의 과학부 편집장 발데미르 캠퍼트Waldemar Kaempffert는 상황이 어떻게 전개될지를 예견했다.

"석탄과 석유는 세계 여러 곳에서 여전히 풍부하고 저렴한 연료"라고 쓰고, 이어서 "모든 증거를 종합해봤을 때 이 두 연료는 거래가 되는 한 산업 현장에서 앞으로도 계속 소비될 것이다"라고 적었다.

1956년 〈타임〉은 레벨에 관한 기사를 ('커다란 하나의 온실'이라는 제목으로) 실으면서 "인간의 공장 굴뚝과 자동차에서 내뿜는 기체가 결국 뉴욕과 런던 거리에 바닷물이 흐르게 만들 것인가"라는 질문을 던졌다. 같은 해 〈라이프 Life〉는 이미 지구의 온도를 상승시키고 있는 "기후의 장기적 변화"에 대해 꽤 긴 논평을 실었다. 이 기사가 실린 호는 570만 부가 발행되었다. 1958년 미국 방송 역사상 가장 인기 있는 교육 프로그램 시리즈로 손꼽히는 〈벨의 과학 시간 Bell Telephone Science Hour〉은 황금 시간대에 영화 〈사슬에서 풀려난 여신 The Unchained Goddess〉을 방영했다. 오스카 수상에 빛나는 프랭크 카프라 Frank Capra 가 〈멋진 인생 It's a Wonderful Life〉을 감독하고 십수 년 뒤에 제작한 〈사슬에서 풀려난 여신〉은 기상학과 기후에 관한 질문들을 다룬 영화였다. 한 장면에서 대머리에 안경을 낀 친절한 (프랭크 백스터 Frank Baxter 가 분한) 리서치 박사는 까무잡잡하게 그을리고 옷매무새가 헐렁한 자신의 조수 (리처드 칼슨 Richard Carlson 이

분한) 라이터에게 경고한다. 공장과 자동차로 이산화탄소를 뿜어내면서 "인간은 어쩌면 무심코 세상의 기후를 바꿔놓고 있는지도 모른다네"라고.

"그게 나쁜가요?" 라이터가 우리 모두를 대신해 물어보았다.

마치 고층 건물이 무너지듯 빙하들이 붕괴되는 영상과 물에 잠긴 도시 위를 떠다니는 유람선을 그린 애니메이션에 이어서 리서치 박사가 라이터의 질문에 대답하는 장면이 나온다.

> 지구 기온이 몇 도 올라가면 극지방의 빙산이 녹을 것이라네. 그러고 나면 내륙해가 미시시피 계곡의 상당한 부분을 채울 테지. 관광객들은 바닥이 유리로 된 보트를 타고서 열대 바다 45미터쯤 아래로 가라앉은 마이애미의 빌딩들을 관람할 것이라네. 날씨 안에서 우리는 원자물리학자보다 훨씬 더 다양한 힘들을 다루고 있다네. 어디 그뿐인가 삶 자체도 다루지.

삶 자체. 카프라의 영화는 수십 년 동안 미국의 과학 수업에서 상영되었다.

모두가 알고 있었다. 그리고 지금의 우리도 안다. 우리 행성의 변화가 때로는 서서히 또 때로는 느닷없이 진행되고 있다는 것도, 그로 인해 세상의 정치 질서가 바뀔 것이라는 사실도 알고 있다. 우리는 안다. 당장 이산화탄소 배출량을 대대적으로 감축하지 않으면 문명이 붕괴할 위험을 감수해야 한다는 사실을. 지구 기온 섭씨 2도 상승이 1.5도 상승보다 훨씬 더 심각한 결과를 초래하리란 걸, 그리고 그 0.5도 사이의 시간을 활용한다는 게 얼마나 터무니없이 완곡한 표현인지도 안다. 우리는 기온 상승선의 모든 점들이 바로 전 점의 상황보다 악화되면서 이어져 있다는 것을, 그래서 섭씨 2.2도 상승하면 2.1도 상승했을 때가 낫다고 회상하고 섭씨 2.3도 상승하면 2.2도 상승했을 때가 천국이었다고 아쉬워하리라는 것도 알고 있다. 곧 다가올 변화가 우리 아이들에게 더 많은 해를 입히리라는 사실과 우리 아이들의 아이들이 처할 환경은 더 안 좋아지리라는 사실을 알고 있다. 또 지금까지 우리의 행동으로 미루어 짐작건대 우리가 조금도 걱정하지 않는 게 분명한 우리 아이들의 아이들의 아이들이 견뎌야 할 상황은 훨씬 더 악화될 것이라는 사실을 알고 있다.

이 사실을 인정하는 건 쉽지 않다. 그래서인지 애매모

호한 발언들이 쏟아져 나온다. **상황이 그렇게 끔찍한 것은 아니다, 틀림없이 현명하게 재생에너지로 전환할 시간이 있을 것이다,** 당연히 **우리 손주 세대를 생각한다** 등등. 하지만 과학적 예측들을 선별하거나, 50년 혹은 100년 뒤의 어느 시점에 온난화가 멈추리라고 가정하는 것은 한마디로 볼썽사납다. 탄소순환은 우리의 기회와 시간표를, 우리의 '예측 가능한 미래'를 고려하지 않는다.

우리는 상실이나 죽음에 대해 생각하는 걸 마뜩잖게 여긴다. 특히 미국인은 죽음에 대한 생각을 아주 싫어한다. 기후변화 정책들에 강박적으로 매달리는 사람일지라도 종種의 존망이 걸린 위험을 냉정하게 바라보기란 여간 어려운 일이 아니다. 어떤 대상에 대한 혐오감은 그것을 설명할 때 사용하는 단어를 오염시키기도 한다. 가령 '지구온난화'와 '기후변화' 같은 단어는 수술용 장갑을 끼고 출혈 상처를 만지는 것과 언어적으로 비슷한 분위기를 풍긴다. 지구와 기후는, 앞으로도 괜찮을 것이다. 이 둘은 이전에도 과격하게 변한 적이 있었고 또다시 그렇게 변할 것이다. 하지만 인간은 괜찮지 않다. 섭씨 5도 이상 상승하면 우리는 새로운 암흑시대를 마주할 가능성이 크다. 뒷걸음치지 않고 똑바로, 이 엄중한 사실을 응시하기는 쉽지 않다. 하지만 응시는 분명한 효과가 있다. 이전까지는 대체로 보이지 않았던 위기의 한 가지 차원이 명료하게 드러난다. 문제의 핵심이라고도 할 수 있는 도덕적 차원이 그것이다.

기후변화를 둘러싼 정치적 이야기, 기술적 이야기, 경제와 기업 차원의 이야기 등 지금까지 우리는 이런 이야기들을 충분히 듣고 배웠다. 언론과 학계에 종사하는 수많은 전문가의 입을 통해 남김없이 들었다. 이 이야기들은 우리가 어떻게 여기까지 왔는지를 보여준다. 그런데 우리 인간의 이야기는 어디 갔을까? 지각이 있는 사람이라면 (세상은 이미 섭씨 1도 이상 더워졌고 0.5도의 추가 상승도 불가피하며 온실가스 배출량은 멈출 줄 모르고 증가하는 마당에) 어떻게 멀쩡히 살아갈까? 어떻게 미래가 지금보다 훨씬 덜 쾌적할 것이라는 사실을 알고서도 아무렇지 않은 듯 사는 걸까? 집착해야 할까 아니면 무시해야 할까? 아니면 그 중간쯤에서 타협점을 찾아야 할까? 우리가 저지른 실패들은 인간으로서, 사회로서, 그리고 민주주의로서 우리가 갖고 있는 어떤 측면을 보여주는 걸까? 아무것도 하지 않은 이유랍시고 우리가 꺼낸 변명을 미래의 세대가 듣는다면 이해해줄까? 제대로 투표하고 채식을 하고 자전거로 출퇴근한다면, 가끔 비행기를 타거나 노트북과 엘리베이터를 이용하고 사시사철

딸기를 먹고 쓰레기를 내놓고 냉장고, 와이파이, 현대 의료 서비스를 비롯해 우리가 대수롭지 않게 여기는 모든 문화적 행동들은 해도 괜찮은 걸까? 어떻게 계산해야 정확할까? 어떻게 하면 우리 스스로가 이 악몽에 공모하고 있다는 사실을 이해할 수 있을까? 나는 내가 공모하고 있음을, 내 손에서 검은 원유가 흘러 떨어져 세상은 탁하고 어두컴컴한 지옥이 되고 있음을 안다.

과학적 방법을 막연하게 불경한 행위로, 더 심하게는 신성을 모독하는 행위로 간주하는 사람이 늘어나고 있는 미국에서는 기후변화의 의미에 대한 영적 지도자들의 의견도 분분했다. 하지만 기후 문제를 바라보는 도덕적 시각을 가장 설득력 있게 설명한 것은 프란치스코 교황의 두 번째 회칙《찬미받으소서Laudato Si》중 '우리 모두의 집을 돌보는 것에 대하여'라는 제목으로 쓴 글이었다. 그의 통찰력의 원류는 '녹색 총대주교Green Patriarch'라는 별명을 가진 정교회의 정신적 지주, 바르톨로메오스 총대주교였다. 바르톨로메오스는 살아 있는 모든 사람이 "크게든 작게든, 창조를 훼손하고 파괴하면서" 생태계에 입힌 상처를 회개해야 한다고 촉구했다. 교황은 바르톨로메오스의 글을 길게 인용하여 다음과 같이 썼다.

"인간이 기후를 바꿔놓고 숲을 벗겨내고 습지를 망가뜨리면서 지구 본연의 품위를 떨어뜨린 것, 인간이 지구의 물과 땅, 공기와 그 안의 생명을 오염시킨 것은 모두 죄악이다." 왜냐하면 "자연에 저지른 죄는 곧 우리 스스로에게 저지른 죄이자 신에게 저지른 죄"이기 때문이다.

그리고 바르톨로메오스는 환경문제의 윤리와 정신적 뿌리에 우리의 관심을 집중시켰는데, 그것은 환경문제가 기술뿐 아니라 인류의 변화에서 해결책을 찾아야 하기 때문이다. 그렇지 않으면 우리는 문제의 핵심은 건드리지도 못하고 증상만을 다루게 될 것이다.

지금까지 우리는 바로 그 증상들을 다루기 위해 노력했다. 마치 증상만 살펴도 된다는 허락을 받은 종양학자처럼, 우리는 지구온난화라는 암의 증상만 다루는 데는 거의 성공했다.

1980년에 앨 고어와 톰 그룸블리는 대부분의 휴먼 드라마처럼 기후재앙 시나리오에도 영웅과 악당 그리고 피해자가 존재한다는 사실을 이해했다. 고어는 《불편한 진실An Inconvenient Truth》이 출간된 2006년부터 이 세 역할을 모두 감당했다. 《불편한 진실》은 교육적인 동시에 논쟁적

이어서 정치적으로 그의 명성에 상당한 역풍을 몰고 왔고, 그 덕분에 출판물로서는 성공한 책이었다. 이름 모를 공무원과 과학자, 그리고 아무도 주목하지 않는 대의에 인생을 바친 활동가 들이 그랬던 것처럼, 교황 프란치스코와 바르톨로메오스는 영웅다운 행동을 했다. 특히 기후변화로 인해 가장 큰 고통을 떠안게 될 배척된 공동체들을 위해서 행동했다. 그러나 기후 위기의 도덕적 측면은 불확실성과 거짓말로, 현실 부정에 대한 과장된 환상으로 착한 대중을 현혹하려고 갖은 애를 쓰는 악당을 파악하는 데서 시작해야 한다. 이러한 전술을 쓰는 사람들의 도덕성은 소시오패스, 즉 반사회적이라는 말 말고는 달리 표현할 길이 없다. 하지만 이들로부터 시작된 부패는 점점 번져서, 급기야 눈 뭉치를 들고 상원에 출석한 상원의원(2015년 2월 27일, 상원에 눈 뭉치를 들고 나와서 지구온난화를 강력히 부정하는 연설을 한 공화당 상원의원 제임스 인호프James Inhofe를 일컬음 ― 옮긴이 주), 초등학교에 보급된 소위 '교육용'이라는 비디오, 발전소 건설을 지지하기 위해 시의회 회의 석상에 배우까지 고용한 지역의 한 공사公社처럼, 현실 부정주의의 가장 극단적이고 우스꽝스러운 행태로 드러나고 있다. 문제를 문제로 인식하지 못하게 하는 것, 즉 존재하는 사실을 없는 것처럼 누락시켜 사람들의 마음에 의심을 심고 현실감과 판단력을 잃게 만든 다음 조종하고, 결국 파국으로 몰아가는 것 역시 현실 부정주의의 한 형태다. 기후변화에 대해 단 한 번도 묻지 않는 대선 토론의 사회자, 언제 끝날지 모르는 만성적 위협은 뉴스거리가 아니라고 믿고 당장 '발등에 떨어진 불'이 아니라는 이유로 기후 문제를 정식 머리기사로 다루지 않는 편집장, 너무 정치적이라거나 너무 과학적이라는 이유로 기후 문제에 대한 언급을 회피하는 교육위원회, 이들 모두가 대중의 무지를 더 견고하게 만드는 데 일조하고 있다.

언젠가는 상식이 되겠지만, 기후변화가 불확실하다고 주장하는 정치인과 돈 되는 전쟁을 선동하기 위해 대량 살상 무기 제작을 허용하는 정치인이 똑같이 인류를 배신하고 있다고 생각하는 사람이 아직 많지 않다. 또 언젠가는 상식이 되겠지만, 석탄 화력발전소에 대한 규제를 완화하거나 정부 웹사이트에서 과학 데이터를 삭제하는 정부의 행위가 단순히 **기업의 이윤에 굴종하는 행위**보다 훨씬 더 중대한 범죄라고 생각하는 사람도 아직은 많지 않다. 이성적인 사고를 거부하는 행위는 현실 부정주의의 뿌리인 동시에 도덕성을 외면하는 출발점이다. 왜냐하면 도덕성은 이성적 사고에 대한 공동의 신념에 바탕을 두고 있기 때문이다. 이산화탄소 배출을 재촉하는 행위는 결국 기후변화를 부정하는 행위일 수밖에 없다. 일단 미래 세대의 행복과 안녕을 무시하는 게 가능해지면, 또는 지금 이 순간에도 홍수, 가뭄, 산불과 같은 재앙으로 고통 받는 이들을 못 본 척하는 게 가능해지면 우리는 공감과 연민이라는 인간성의 제약을 쉽게 벗어던지고 이기주의라는 명목 아래 어떤 악행도 저지를 수 있다.

현실 부정주의 전문가들이 사용하는 가장 큰 속임수는 지구온난화가 거짓이라고 세상 사람들을 설득하는 것이 아니다. 세상은 그깟 발언에 설득당하지 않는다. 심지어 미국의 유권자 중에서도 3분의 2가 그런 발언에 흔들리지 않는다. 부정주의자들의 가장 큰 무기는 **자기들도** 처음에는 믿지 않았는데 듣고 보니 맞는다는 말을, 그래서 확신하게 되었다는 말을 우리가 믿도록 만드는 것이다. 하지만 거의 대부분의 부정주의자들은 (다른 사람은 몰라도 존 수누누만큼은) 속셈을 노골적으로 드러내지 않는다. 그래서 우리는 교묘하게 비꼬면서 얼버무리는지, 유급 대변인이나 공갈배, 또는 엉뚱한 고집을 부리는 사람처럼 도전적인 말투로 은근슬쩍 발뺌하는지 살펴보아야 한다. "인간이 기후에 영향을 미친다고 생각하지만, 구체적으로 어떤 영향을 미치는지는 잘 모르겠다"는 발언이나, 기후변화로 인해 "어떤 영향을 받게 되는지 우리는 잘 모른다"는 식의 발언, 이산화탄소가 지구 기온을 "바꾸는 근본적인 스위치"가 아니라는, 실제로 의회 청문회에서 진실만 말할 것을 맹세한 현 정부의 각료가 한 발언들은 그들 입장에서는 부자에게 세금을 깎아주면 가난한 사람에게 이로울 것이라거나 흡연이 소화를 촉진해준다는 주장만큼이나 솔직한 발언이다. 현실 부정주의자들은 두뇌 싸움에서 이기는 데는 관심이 없다. 오로지 자신들의 부도덕이 드러나지 않도록 하는 일에만 신경을 쓴다. 과학이 불확실하다면, 행동하지 않는다고 비난받을 일은 없을 테니까.

이러한 수사적 속임수에 논리적 주장으로 맞서다가는 오히려 화를 키울 수 있다. 그들의 목표는 뜨거운 도덕성 심판에서 무미건조한 정책 토론으로 논쟁의 무대를 옮기는 것이다. 인간의 문제에는 인간적인 해결책이 필요하다. 우리가 지닌 가장 효과적인 무기는 바로 도덕적 수치심이다. 기업의 꼭두각시에게는 수치심이 영향을 미치지 않을지도 모르지만, 한층 더 품위 있는 호소로 선거에서 투표하는 사람들의 마음을 움직일 수는 있다. 유권자들도 결국 인간이다.

언젠가는 지난 40년간 기후 정책을 훼방하는 데 가장 큰 영향력을 행사한 사람들에게 책임을 묻는 포퓰리즘 운동이 활발해질 것이다. 석유 및 가스 관련 기업과 연방 정부를 상대로 이제 막 시작된 소송들이 포퓰리즘 운동의 서막을 연 셈이다. 앞으로 있을 복수전의 몸풀기쯤으로 보면 된다. 그러나 가장 적극적인 국제재판, 진실과 화해 위원회, 배상, 자산 몰수, 에너지 산업의 국유화와 같은 대책들도 도덕성의 얼룩을 말끔히 씻어버릴 수는 없다. 사법적 처벌로 인간이 자행한 비극을 심판할 수는 없다. 온전한 심판은 우리 모두의 삶이, 심지어 도덕적 귀감으로서 우리와 이 시대를 함께 걷는 사람들의 삶까지도, 아주 오래전에 땅에 묻힌 지구의 고대 주인들의 주검인 유기물을 파내고 태워서 얻은 에너지에 의존하고 있다는 사실을 이해하는 데서 출발한다.

불을 발견한 이후부터 수명, 건강 상태, 부富, 교육 수준 등과 같은 우리 삶의 질은 어떤 척도로 측정하든지 에너지 소비량과 거의 나란히 향상되었다. 그리고 지금까지 그 에너지의 대부분을 화석연료에서 얻었다. 지적인 종으로서 우리가 과거를 의식하고 미래를 계획하는 사치를 누리게 된 데는 석탄과 석유와 가스의 가장 큰 수혜자라는 전제가 깔려 있다. 전기를 이용하는 사람이라면 누구도 여기서 자유로울 수 없다. 확신컨대 미국인이라면 모두 그렇다. 경제 관련 연구들에 따르면, 사회경제적 발전이 최고 수준을 넘어서고 나면 에너지 소비와 경제 발전 사이의 상관관계는 결국 깨진다. 이산화탄소 배출이 전반적으로 일정 수준을 유지하는 미국을 포함한 서구 세계에서는 이미 이런 현상이 일어나고 있다. 그렇다고 해도 현재 미국의 노숙자 한 명이 사용하는 에너지가 세계의 도시인 평균 사용량의 두 배 가까이 된다.

우리는 모두 인류 문명의 존속에 지분을 갖고 있다. 하지만 우리들 각자에게 할당된 지분은 아직까지 공평하지 않다. 화석연료를 가장 많이 태우는 사람과 더워지는 기후로 인해 가장 큰 고통을 떠안게 될 사람은, 야속하게도 동일하지 않다. 이 역설적 불공평은 연대기적으로도 일어나고(나이 든 세대가 배출한 이산화탄소에 대한 대가를 어린 세대가 짊어져야 하고), 사회경제적으로도 일어난다(부자가 짊어져야 할 대가를 가난한 사람이 떠안게 된다). 이것은 1970년대부터 잘 알려진 사실이다. 기후변화의 가장 큰 피해자는 세계에서 가장 가난한 사람들이 될 터인데, 특히 산업 에너지 소비의 혜택을 누린 적 없는 국가들, 그중에서도 피부색이 흰색이 아닌 사람들이 자연재해와 농경지 감소, 식량과 식수 부족에 시달리거나 삶의 터전을 잃고 난민이 될 가능성이 크다. 기후변화는 사회적 불평등을 확대한다. 불리한 위치의 사람들을 더 불리하게 만들고 억압받는 사람들을 더 억압받게 만들고 차별받는 사람들을 더 차별받게 만든다.

노르트베이크에서 키리바시의 대표가 해수면 상승의 위험을 자기 신체를 이용해 증명했을 때, 그는 자신의 국가가 지구상에서 나라 전체로서는 물론이고 국민 한 사람으로 따져도 이산화탄소를 가장 적게 배출하고 있다는 말을 (할 필요도 없었고) 하지 않았다. 섬나라들은 몇 년 전부터 도덕적 측면에서의 행동을 호소하기 시작했다. 2014년 IPCC 연례 회담에 앞서 열린 군소도서국가연합Alliance of Small Island States 회의에서 세이셸의 대통령 제임스 미셸James Michel은 이렇게 말했다. "우리는 기후변화를 불가피한 것으로 여기는 데 동의할 수 없습니다."

우리는 수위가 높아진 바다에 단 하나의 섬도 빼앗길 수 없습니다. 우리에게는 바닷물을 막을 정교한 방어물을 건설할 경제적 여력이 없습니다. 또한 기후 문제에 훌륭하게 적응하기 위한 최신 기술도 없을 뿐 아니라 (···) 이 문제에 가장 큰 책임이 있는 국가들에 제재를 가할 만큼 경제적 힘이 있는 것도 아닙니다. 그러나 우리에게는 아주 귀중하고 강력한 것이 있습니다. 바로 우리가 이 협상을 지탱하는 양심이라는 사실입니다. 우리는 우리 행성 모든 시민의 도덕적 권리의 옹호자로 이 자리에 있는 것입니다.

그로부터 1년 뒤, 마셜제도의 외무부 장관은 섬나라 국민들이 집과 문화를 강제로 포기해야 하는 것은 "종족 학살과 다를 바 없다"고 말했다.

현재 미국에는 1988년에 티머시 워스와 클로딘 슈나이더가 제안한 법안이나 2008년에 버락 오바마가 제안한 법안과는 성격이 다른, 옴니버스 법안의 일부로서의 그린 뉴딜Green New Deal 운동을 이끄는 대학생들이 있다. 이들은 가라앉는 도서 국가의 지도자들처럼 저항의 목소리를 점차 높여가고 있다. 2018년에 민주당이 하원을 되찾은 후, 수백 명의 학생들이 포괄적인 기후 법안을 요구하며 하원 의장 낸시 펠로시Nancy Pelosi의 사무실에서 연좌 농성을 벌였다. 그들의 구호는 다음과 같았다. "우리는 우리의 미래를 지킨다." "우리의 삶이 위태롭다." 우리는 모두 섬에 살고 있다. 다만 해안선의 길이가 다를 뿐이다.

　　역설적으로 불공평했던 기후변화의 재앙이 이제는 지구상에서 가장 부유한 나라들에까지 번지고 있다. 더 긴 관점에서 보면 우리 모두가 빈곤해져 부자와 가난한 사람의 구별이 없어질 테지만 말이다. 해수면이 높을수록 GDP가 낮아지는 사실을 보여주는 경제 모델과 같이, 특정한 한계선을 넘어서고 나면 재앙의 그래프는 걷잡을 수 없이 가팔라질 것이다. 사회를 떠받치고 있는 곡물 생산량과 안정적인 국제 관계 같은 세계 경제의 기둥뿐 아니라 인간의 정신적인 기둥이 무너지면, 탈출할 방법은 없다. 우리가 간과한 최악의 시나리오는 우리가 공유하고 있는 인간성에 대한 믿음이 처참하게 파괴되는 것이다. 행동하지 못했다는 실패감은 빙하가 허물어지듯 인간의 공동체 의식에 대한 신뢰를 파괴한다. 지금으로부터 한 세대 혹은 두 세대가 의도적으로 행동을 회피한다면 평등주의, 형제애, 자유와 같이 민주주의의 바탕에 깔려야 할 근본적인 사상과 신념을 진지하게 생각할 사람이 있을까?

　　프란치스코 교황은 기온 상승으로 인해 고조된 위기에 대응하지 못한 우리의 집단적 실패를 "모든 시민사회의 토대로서 우리 스스로 갖고 있던 인류에 대한 책임감을 상실한 것"이라고 지적했다. 안정적인 기후가 전제되지 않으면 시민사회도 존재할 수 없다. 반대로 시민사회가 행동하지 않으면 안정적인 기후도 존재할 수 없다. 둘 중 하나를 지키기 위한 싸움은 곧 또 다른 하나를 지키기 위한 싸움인 셈이다. 어느 하나가 바닷물에 씻겨 사라지면, 우리는 공멸할 수밖에 없다. 미래는 모두가 공유하는 것이라는 사실을 (세상 사람 전부는 아니라도, 최소한 미국의 유권자들 중 과반수만이라도) 이해하지 못하면, 우리에게는 미래가 없다.

2019년에 기후변화에 대해서 우리가 시도했던 거의 모든 대화는 1979년에도 시도된 적 있었다. 그때도 우리는 온난화 수준에 대한 예측들, 해수면 상승, 지정학적 갈등에 대해서 대화했을 뿐 아니라 지반공학 기술을 고려하자거나 개발도상국들이 석탄을 대량 소비했던 우리의 전철을 밟지 않고도 기아와 질병을 극복하도록 돕자는 호소도 거론되었고, 아무 행동도 취하지 않기 위해 둘러대는 단골 핑계인 비용편익분석에 대한 대화도 오갔다. 40여 년 전에 기후변화의 위협이 더디게 진행된다고 주장했던 정치학자, 경제학자, 사회이론가, 철학자도 지금은 우리가 스스로를 구조할 수 없다는 데에 대체로 동의한다. 이들이 동의하는 바에는 한 가지 원리가 바탕에 깔려 있다. 국제적인 기구에 속해 있든 민주주의 국가의 시민이든 산업계나 정계에 종사하는 사람이든 또는 그냥 개인으로서든, 인간이란 미래 세대에게 떠넘겨질 형벌을 미연에 방지하기 위해 현재의 편의를 희생하는 존재가 아니다. 만일 인간이 정말 멀리 볼 줄 아는 눈을 가졌다면, 그래서 우리가 죽은 뒤에 이어질 수십 년 또는 수백 년의 역사를 진지하게 생각할 수 있다면 거대한 시간의 흐름 속에서 우리가 지금 알고 사랑하는 모든 것들의 덧없음을 깨닫고 고민할는지도 모른다. 그런 눈이 없기 때문에 우리는 현재에 집착하고 코앞의 미래에 조바심치도록, 그리고 마치 독을 뱉어버리듯 먼 미래 따위는 머릿속에서 던져버리도록 문화적으로든 진화적으로든 스스로를 단련시켰다. 1980년에 철학자 클라우스 마이어 아비히는 기후변화에 적응하는 것이 "가장 합리적인 정치적 선택"으로 보인다고 말했다. 의식적으로든 아니든, 지금까지 우리는 그 선택을 따라왔다.

40년 전과 지금의 두드러진 차이점은 해결책이 우리 손 안에 있다는 점이다. 사실 꽤 많은 해결책이 있다. 탄소세, 재생에너지에 대한 투자, 핵에너지 확대, 재식림, 농업기술 개선 그리고 한층 더 과감하게는 대기 중 이산화탄소를 흡수하는 기계와 같은 해결 방안들은 서로 중첩되는 경향이 있다. "기술과 경제의 관점에서 보면 섭씨 2도에서 상승을 멈추게 할 가능성이 아직은 열려 있습니다." 제임스 핸슨이 내게 한 말이다. 그는 독자적으로 대책을 개발했는데, 이를 10년간 실행에 옮기면 기후변화를 멈출 수 있고 수조 달러를 절약할 수 있다고 말했다. 2018년에 노벨상을 수상한 윌리엄 노드하우스도 비슷한 견해를 밝혔다. "기후 문제는 경제성이나 실행 가능성을 따지기 전에 정치적으로 접근해야 합니다." 우리는 기술과 경제를 신뢰할 수 있다. 하지만 인간의 행동을 신뢰하기는 어렵다. 앨 고어는 내게 말했다. "기후 문제에 관여하기 시작했을 때부터 지금까지 문제의 핵심은, 어떠한 정책에 대한 정치적 실현 가능성을 아무리 최대한으로 잡아도 실전에서 효과를 내기 위해 필요한 최소한의 조건에는 못 미친다는 데에 있습니다. 최대한과 최소한의 간극을 직시했을 때 우리에게는 두 가지 선택지가 생깁니다. 하나는 태아처럼 몸을 웅크리고 절망의 나락으로 떨어지는 것이고, 다른 하나는 정치적 실현 가능성의 한계를 확장하는 전략을 개발하는 것입니다." 간극이 사라지지는 않겠지만, 고어는 기술 혁신과 경영 철학에 극적인 변화가 일어난다면 그 간극을 좁힐 수 있다고 생각했다. 그리고 돌이킬 수 없는 손해가 이미 발생했지만, 고어는 "지금도 우리에게는 기후 문제를 따라잡을 기회가 있다고" 믿고 있다. 노드하우스와 핸슨은 그보다는 좀 덜 낙관적이다. 두 사람은 우리가 섭씨 2도 상승을 저지할 수 있다는 데에 회의적이다.

레이프 포머런스는 비관적인 기분이 들 때면 손녀가 만들어준 팔찌를 찬다. 그러면 싸워야 하는 이유가 분명해져 전의가 살아나기 때문이다. 그는 기후변화에 대응할 자신만의 (기술적 측면이 아닌 정치적인) 해결책을 고안했다. 그는 전 세계 이산화탄소 배출량 축소의 결정적인 입법 기관은 미국 의회라고 생각한다. 포머런스는 미국이 대대적인 기후 정책을 개시하면 나머지 국가들도 그 뒤를 따를 것이라고 믿는다. 그렇다면 어떻게 해야 미국 의회가 행동할까? 1979년 고든 맥도널드를 만났던 그날부터 포머런스가 줄곧 매달려온 문제가 바로 그것이다. 현재 포머런스는 상승하는 해수면의 위협을 주 정부에 경고하기 위한 목적으로 설립된 리싱크에너지 플로리다 ReThink Energy Florida 의 고문으로 활동하고 있다. 플로리다의 공화당 의원들은 해수면이 상승하면 주의 영토 거의 대부분이 직격탄을 맞는다는 걸 알기 때문에 기후변화에 대해 타 주의 동료 의원들보다 비교적 정상적인 두려움을 갖고 있다. 포머런스는 플로리다주 공화당 의원들을 설득해 정치적 행동에 나서게 만든다면, 그들이 다른 주 동료 의원들의 생각을 돌릴 수 있으리라고 믿는다.

정치권 전체가 방향을 전환할 수 있다는 생각이 착각으로 보인다면, 우리가 이미 해결했거나 적어도 해결하기 위해 진정으로 노력을 기울였던 사회적 위기들을 생각해보자. 그중에는 실존을 위협하는 위기도 있었다. 짧은 시간에 여론을 바꿔서 주요 법안을 통과시킨 대중 운동들이 성공한 것은 충분한 수의 유권자가 정치적 차원이 아닌 인간적인 시각에서 문제를 바라볼 수 있도록 도덕적 용기를 북돋웠기 때문이다. 우리는 인종 간 불평등, 핵 확산, 총기 폭력, 난민, 동성 결혼, 급속한 기계화에 대한 논쟁들에는 조금도 망설이지 않고 도덕성을 내세운다. 그러나 기후변화에 대한 공개적인 토론은 정치와 경제, 법의 테두리를 과감히 넘어서지 못한다. 우리가 기후를 정치적 사안으로만 대한다면 기후 문제는 다른 모든 정치적 사안들과 같은 운명을 맞을 것이다. 기후를 경제적 사안으로만 대한다면 비용편익분석에 굴복당한 모든 도덕적 위기와 똑같은 최후를 맞을 게 뻔하다. 우리가 가장 먼저 해야 할 일은 기후 문제를 정직하게 인정하고 그것이 생존을 위한 싸움이라고 말하는 것이다. 현실 부정주의자들의 방식과는 완전히 반대로 말이다. 일단 위기의 범위와 실체가 명확하게 정의되면, 도덕적 명령은 불가피해질 것이다.

비용편익분석도 재빠르게 방향을 틀 것이다. 기후변화가 가져올 위험이 아주 멀기만 한 건 아니라고 말이다. 지금도 많은 위험들이 규칙적으로, 점점 더 험악한 수준으로 일어나고 있다. 매해 일어나는 슈퍼 폭풍과 초대형 산불은 앞으로 있을 더 끔찍한 천재지변의 예고편이다. 하지만 이런 재해들만으로는 우리가 우리 몫으로 남겨진 시간 동안 여론에 혁명적 변화를 일으킬 수 없다. 재해가 우리의 편협한 이기주의를 깨뜨릴 수 있었다면, 여기까지 오지도 않았을 것이다. 불길이 현관문을 날름거리며 핥거나 범람한 물이 도로로 밀려들 것을 걱정할 이유가 없는 수천 만 미국인이 에너지 시스템과 경제를, 더 나아가 우리 스스로를 완전히 바꾸자고 먼저 목소리를 내야만 한다.

한 가지 대안이 있긴 하다. 더는 견딜 수 없는 지경까지 기다리는 것이다. IPCC가 섭씨 1.5도 상승을 저지할 마지막 제한 시간으로 우리에게 준 10여 년 동안 현재 상태를 고수한다면, 더워지는 세상이 가중하는 비극과 더불어 젊은 세대의 공포도 커질 것이다. 어떤 시점이 되면, 아마 지금으로부터 그리 멀지 않은 시점일 테지만, 젊은이들의 공포는 구세대의 공포를 압도할 것이다. 그리고 시간이 얼마 더 지나면 젊은이들은 모든 힘을 끌어모아 행동할 것이다. 그때까지 우리가 기다린다면, 최악의 종말적인 시나리오를 피할 수는 있을지 모르지만 딱 거기까지다.

자연의 모든 것은 바뀌기 마련이고 우리가 살아가는 방식도 달라질 수밖에 없다. 풀어야 할 문제는 너무 크고 우리 개인은 너무 작은 존재라고 불평하기는 쉽다. 그러나 각자 자기 집에서 자기만의 속도로 할 수 있는 (재활용을 하거나 온도 조절기를 낮추는 것보다 훨씬 쉽고 더 가치 있는) 일이 하나 있다. 우리의 미래에 대한 위협이 정확히 무엇인지 소리 내어 말하는 것이다. 악당을 악당으로 영웅을 영웅으로 피해자를 피해자로 부르는 데서 한걸음 더 나아가 우리 스스로를 공모자라고 고백하는 것이다. 그래야만 우리는 지구의 운명이 걸린 이 모든 이야기의 결말이 뜨거워지는 기온에 대한 지구라는 행성의 저항력과는 아무 상관이 없다는 걸, 결국에는 자기기만에 대한 우리 인간 종의 저항력에 달렸다는 걸 깨달을 수 있다. 또한 우리가 무심코 자동차 연비나 휘발유 세금 또는 천연가스를 말할 때에도 그 속에

우리가 사랑하는 모든 것과 우리의 전부가 걸려 있음을 깨
달을 수 있다.

이 책에 도움을 준 사람들

이 책에 담긴 이야기는 2년 넘게 전화와 메일로 귀찮게 하고 그것도 모자라 열두 시간 넘게 붙들고 앉아 인터뷰를 해도 싫은 내색 한 번 하지 않았던 이들 덕분에 완성되었다. 레이프와 리노어 포머런스, 제임스와 애니크 핸슨, 제스 오수벨, 윌리엄 라일리, 존 수누누, 테리 요시, 구스타브 스페스, 앨 고어, 티머시 워스, 데이비드 듀렌버거, 월리스 브로커, 데이비드 하우드, 조지 우드웰, 윌리엄 클라크William Clark, 웬디 토런스Wendy Torrance, 제임스 브루스, 대니얼 베커, 어빙 민처, 제임스 베이커, 아키오 아라카와, 톰 그롬블리, 로버트 첸, 다로 다카하시, 토머스 졸링, 존 타핑, 커티스 무어, 마이클 보스킨Michael Boskin, 에드워드 스트로벤Edward Strohbehn, 데이비드 호킨스David Hawkins, 켄 칼데이라, 마이클 매크래컨Michael MacCracken, 지미 파월Jimmie Powell, 베시 에이글, 존 페리, 로널드 루돌프Ronald Rudolph, 앤서니와 헬렌 스코빌, 피터 슈어츠, 윌리엄 오키프, 브루스 해리슨E. Bruce Harrison, 존 윌리엄스, 제임스 베이커 3세, 앤디 라시스Andy Lacis, 필립 샤베코프, 마이클 글란츠, 유진 비엘리Eugene Bierly, 카를 분취, 앨버트 프라이데이Elbert Friday, 닉 콩거Nick Conger, 스테이시 팩스턴 코보스Stacie Paxton Cobos, 조너선 자비스Jonathan Jarvis, 댄 클로츠Dan Klotz, 지미 J. 넬슨Jimmie J. Nelson, 로저 다우어, 니키 순데츠Nicky Sundt, 카를 브레이스웨이트Karl Braithwaite, 데이비드 린드David Rind, 리처드 모겐스턴, 앤서니 델 제니오Anthony Del Genio, 로니 톰슨Lonnie Thompson, 앨런 애시워스Allan Ashworth, 키스 마운틴Keith Mountain, 존 라이델Jon Riedel, 헨리 브레처Henry Brecher, 데이비드 엘리엇David Elliott, 리사 이스트Lisa East, 마틴 홀링Martin Hoerling, 로버트 크리멜Robert Krimmel, 마이클 맥파든Michael McPhaden, 태드 페퍼Tad Pfeffer, 대니얼 파그레Daniel Fagre, 섀드 오닐Shad O'Neel, 리처드 메서브Richard Meserve, 유진 스콜니코프Eugene Skolnikoff, 로런스 린든Lawrence Linden,

앨런 밀러Alan Miller, 벤저민 콜리Benjamin Cooley, 윌리엄 스프리그William Sprigg, 실비아 로만Sylvia Laurmann, 케이시 쉔덴먼Kathy Schwendenman이 바로 그 전문가들이다. 《제이슨 팀: 전후 과학 엘리트의 은밀한 역사The Jasons : The Secret History of Science's Postwar Elite》를 쓴 앤 핑크바이너Ann Finkbeiner 와 《기후변화에 대한 역사적 관점Historical Perspectives on Climate Change》의 저자 제임스 로저 플레밍James Rodger Fleming, 국립과학아카데미의 재니스 골드블룸Janice Goldblum, 다트머스 대학에서 지리학을 가르치는 저스틴 맨킨Justin Mankin, 비영리 단체 우리 아이들의 신뢰Our Children's Trust의 줄리아 올슨Julia Olson, 오하이오 주립대학 산하 극지 및 기후 연구 센터Byrd Polar and Climate Research Center의 로라 키셀Laura Kissel, 라몬트 도허티 지구 관측소의 케빈 크라직Kevin Krajick, 국제환경법센터Center for International Environmental Law의 어맨다 키츨러Amanda Kistler도 빼놓을 수 없다. 그 밖에도 미국 국립문서기록관리청National Archives and Records Administration, 지미 카터 대통령 기념 도서관과 박물관Jimmy Carter Presidential Library and Museum, 로널드 레이건 대통령 기념 도서관과 박물관Ronald Reagan Presidential Library and Museum, 캘리포니아 샌디에이고 대학의 가이젤 도서관 특수 소장 도서Geisel Library Special

Collections, 캘리포니아대학 로스앤젤레스 캠퍼스 도서관 특수 소장 도서UCLA Library Special Collections, 베일러대학의 W. R. 포우지 레지슬레이티브 도서관W. R. Poage Legislative Library, 브룩헤이븐 국립 연구소Brookhaven National Laboratory의 미디어 통신부에서도 귀한 자료를 얻었다.

인류학자 미안나 라슨Myanna Lahsen의 기후 부정주의 역사에 대한 탁월한 연구도 큰 도움이 되었다. 그뿐 아니라 **거울 세상**도 그녀가 일반적인 순환 모델을 설명하면서 (폴 에드워드Paul N. Edward 그리고 맥락은 조금 다르지만 데이비드 겔런터David Gelernter에 이어서) 사용한 용어였음을 밝힌다. 〈인사이드 클라이매트 뉴스Inside Climate News〉, 〈로스앤젤레스 타임스Los Angeles Times〉, 클라이매트 파일스Climate Files, 국제환경법센터 그리고 벤저민 프란타Benjamin Franta의 조사와 연구 자료, 미국물리학회American Institute of Physics가 인터뷰를 통해 수집한 귀중한 구술 역사 자료도 참고했다. 기후 정책들에 입김을 행사하는 산업계에 대한 나의 견해는 마크 보웬Mark Bowen의 《검열하는 과학Censoring Science》, 스펜서 R. 위어트Spencer R. Weart의 《지구온난화의 발견The Discovery of Global Warming》, 나오미 오레스케스Naomi Oreskes와 에릭 M. 콘웨이Erik M. Conway의 《의혹을 팝니다Merchants of Doubt》, 로스 겔브스판Ross Gelbspan의《히트 이즈 온The Heat Is On》, 제임스 호건James Hoggan과 리처드 리틀모어Richard Littlemore의《기후 은폐Climate Cover-Up》그리고 스티븐 슈나이더의《접촉 스포츠로서의 과학Science as a Contact Sport》을 참고했음을 밝힌다.

플리처위기보고센터Pulitzer Center on Crisis Reporting와 센터의 책임자 존 소여Jon Sawyer의 든든한 지원이 없었다면 이 책은 세상에 나오지 못했을 것이다.

MCD의 숀 맥도널드Sean McDonald, 이 책의 미리보기 버전을 소개했던 〈뉴욕 타임스 매거진〉의 클레어 구티에레스Claire Gutierrez, 빌 와식Bill Wasik, 제이크 실버스타인Jake Silversein, 편집계의 어벤저스나 다름없는 이들 네 사람의 지도와 지혜 그리고 아낌없는 격려에 깊이 감사한다.

엄격한 사실 확인과 교열, 교정은 난디 로드리고Nandi Rodrigo, 스티븐 스턴Steven Stern, 리아 밀러Lia Miller, 빌 보루

볼리아스 Bill Vourvoulias, 라일리 블랜턴 Riley Blanton, 데이비드 퍼거슨 David Ferguson, 크리스천 스미스 Christian Smith, 수전 곤잘레스 Susan Gonzalez, 스테파니 부처 Stephanie Butzer, 머린 클리에 Maureen Klier, 리베카 케인 Rebecca Caine, 주디 키비아트 Judy Kiviat, 자넷 레너드 Janet Renard가 맡아주었다. 오류가 있다면 순전히 내 몫이다.

엘리세 체니 Elyse Cheney, 하위 샌더스 Howie Sanders, 알렉스 제이콥스 Alex Jacobs, 브룩 에를리히 Brooke Ehrlich, 클레어 길레스피 Claire Gillespie, 타라 티민스키 Tara Timinsky, 대니얼 바스케스 Daniel Vazquez, 이사벨 멘디아 Isabel Mendia의 조언과 지원도 큰 힘이 되었다.

마지막으로 메러디스 앤절슨 Meredith Angelson이 없었다면 이 책은 완성되지 못했을 것이다.

우리에겐 당신이 필요합니다

2009년 2월 13일 저녁, 나는 미국 시카고 하얏트 리젠시 호텔의 한 콘퍼런스룸에 앉아 있었다. 세계 최대의 비영리 과학기술자 단체로 꼽히는 미국과학진흥협회 AAAS 의 제 175회 연례 총회 기조연설을 듣기 위해서였다. 연설이 한 시간 이상 남은 시점이었는데, 미리 예약한 사람만 입장할 수 있었음에도 이미 빈자리가 거의 없었다.

예정된 시간이 되자 키가 크고 풍채가 좋은 중년 백인 남성이 연보라색 조명으로 장식된 연단에 등장했다. 기후변화에 대한 정부 간 협의체 IPCC 와 함께 2007년 노벨 평화상을 공동으로 수상한 정치가 앨 고어 전 미국 부통령이었다.

그는 2년 전 책과 다큐멘터리 영화로 발표해 전 세계적인 선풍을 불러일으켰던 《불편한 진실》의 내용을 차분하고도 확신에 찬 어조로 발표했다. 노련한 정치인답게 그의 발표는 매우 명료하고 효과적이었다. 질문을 던질 때는 청중과 눈을 맞췄고, 강조할 부분 직전에는 잠시 숨을 고르며 긴장감을 고조시켰다. 다큐멘터리에서 클라이맥스처럼 묘사되는, 대기 중 이산화탄소 농도의 급격한 증가세를 나타내는 킬링 곡선을 보여줄 때는 수없이 봐왔던 장면임에도 극적인 공포심을 느꼈다.

고어는 세계 각지에서 온 과학자가 대부분일 청중을 향해 "정책 결정자들과 함께해달라, 이 싸움에 참여해달라, 우리에겐 당신들이 필요하다"라고 강조하며 연설을 마쳤다. 객석에서 큰 박수가 나왔고, '우리에겐 당신이 필요하다'라는 그의 말은 며칠 뒤 발행된 과학 잡지 〈사이언스〉에서 연설 소식을 전한 짧은 기사의 제목이 됐다.

타당한 말이었고 큰 호응을 얻었지만 아무래도 의아했다. 고어가 발표한 내용의 상당수는 과학자들의 연구 결과를 바탕으로 한 것이었다. 대기 중 이산화탄소 농도의 변화, 지구 평균기온의 급격하고도 분명한 증가 추세, 해류의 변동 가능성, 그에 따른 급격한 기후 요동 위험, 이런 일이 지속될 때 지구 각지가 겪을 파국은 정치가의 상상이 아니라 과학자의 관측과 연구를 통해 밝혀졌다. 그 사실을 알고 있는 고어가 전 세계에서 온 내로라하는 과학자들 앞에서 기후변화 문제 해결을 위해 정책 결정자들과 함께해달라고 역설했다니 혼란스러웠다.

앨 고어가 AAAS에서 과학자들을 향해 기후변화와 관련해 같은 편이 돼달라고 역설한 것은, 기후변화 논의의 전위에 서 있던 정치가로서 기후변화를 알리고 해결책을 강구하도록 각국 정부와 국제사회를 설득하는 데 과학자의 역할이 중요함을 누구보다 절실히 체험했기 때문이었다. 그와 함께 2년 전 노벨 평화상을 수상한 IPCC는 인간의 활동이 지구 환경, 특히 기후에 미치는 영향을 과학적으로 평가하기 위해 1988년 설립된 기구다. 정책 전문가와 과학자로 구성돼 있으며, 직접 기후 관측이나 연구를 수행하지는 않지만 각지의 연구자들이 수행한 관측 결과와 연구 결과를 검토해 기후변화가 다양한 분야에 미치는 영향을 과학적으로 매우 세밀하게 검증하고 이를 보고서로 발간한다. 1990년, 온실가스 등 인간이 배출한 인위적 물질이 기후변화를 일으키고 있다는 사실을 명시한 첫 보고서를 발간한 이후 2014년까지 총 다섯 차례 보고서를 펴냈다. 2021~2022년에는 제6차 보고서를 발간할 예정이다.

이 가운데 2007년 발표한 제4차 보고서는 전 세계 온도가 섭씨 1.1~6.4도까지 상승할 가능성이 있으며 해수면은 최대 59미터까지 상승할 수 있고, 열파나 태풍 등 극한 기상 현상이 점점 자주 발생할 가능성이 높다는 사실을 밝혀 전 세계에 충격을 줬다. 특히 당장 온실가스 배출 증가세를 줄인다고 해도 지금까지 대기에 누적된 온실가스가 기후변화를 1,000년 이상 더 지속시킬 것이라고 지적해 각국이 경각심을 갖게 하는 기폭제 역할을 했다. 실제로 국내에서도 이 제4차 보고서가 발간된 이후 기후변화에 대한 논의가 눈에 띄게 활발해졌고, 기후변화 완화에 적극 나서야 한다는 목소리가 커졌다. IPCC가 "인간이 초래한 기후변화에 대한 지식을 개발하고 기후변화 해결을 위한 조치를 마련하도록 이끈 공로"를 이유로 앨 고어와 함께 노벨 평화상을 받은 것도 이 해다.

고어의 유명세와 세련된 정치 감각, 적극적인 주장이 기후변화의 심각성을 알리는 데 큰 공을 세운 것은 사실이지만, 고어는 그것이 자신만의 업적이 아님을 누구보다 잘 알았다. 기후변화가 처음으로 극히 일부 사람들 사이에서 회자될 때부터 그는 과학자 및 다른 활동가들이 이 문제를 알리기 위해 주도적으로 노력했음을 알았다. 전 세계가 기후변화의 위험성과 시급성에 본격적으로 눈을 뜨게 된 계기는 1970년대 말부터 1980년대 말까지 일부 연구자들이 관측을 통해 지구 평균기온이 뚜렷한 경향성을 갖고 있음을 밝히면서부터다. 이들은 가설이나 몽상 정도로 여겨지던 온실효과가 지구 곳곳에서 관측을 통해 확인된다는 사실을 보였다. 이런 결과에 주목한 일부 환경 활동가와 언론, 정치인이 주요 정책 결정자와 오피니언 리더들을 설득하면서 기후변화는 대중에게도 점차 알려지기 시작했다. 고어 역시 그들로부터 영향을 받은 정치인 중 한 명이었다.

'점차 알려졌다'는 말로 이때의 과정을 묘사하고 넘어가는 것은 기후변화라는 매우 복잡하고 거대하며 장기간에 걸쳐 형성된 과학적 진실이 현실 사회, 특히 정책 결정권자들의 커뮤니티에서 받아들여지기까지의 험난한 과정을 감추거나 지나치게 단순화할 우려가 있다. 초기에 기후과학자들의 연구 결과는 과학 외부의 인사들에 의해 불확실한 추정 또는 전모를 파악하지 못한 단견이라는 식으로 비판받았고, 때로는 권력에 의해 노골적으로 수정 압력을 받기도 했다. 그도 그럴 것이 기후변화를 연구하던 정상급 과학자들이 활동한 무대는 당시 전 세계 온실가스 발생량의 3분의 1을 배출하던 미국이었고, 당시 미국 정계와 백악관을 장악한 정책 결정권자들은 석탄과 석유, 자동차 산업 등 미국 경제를 이끌던 산업에 불리한 정책 결정을 하고 싶어하지 않았다. 눈에 보이는 적과 싸우며 존재감을 드러내길 즐기는 정치인과 환경 활동가들에게도 기후변화는 싸울 대상이 불분명한 별로 매력적이지 않은 적이었다.

그럼에도 기후변화가 더 늦지 않게 미국과 주요 국가의 관심을 끌고 결국 1988년 IPCC의 창설과 이후 국제협약으로 이어질 수 있었던 배경에는 과학자들이 존재했다. 이 문제를 꾸준히 제기하고 관측과 분석을 통해 견고한 과학적 기반을 닦은 과학자들이 줄기차게 정치인, 활동가들과 협력하며 과학적 진실을 현실 세계의 문제로 각인시켰다. 어쩌면 이 길고 극적인 드라마에서 주인공은 바로 그들 과학자였다. 고어는 이 같은 시대를 정면에서 통과해내는 데 일조한 정치인으로서, 그날 저녁 AAAS 총회의 과학자들에게 "함께하자"는 말로 사실상 "주인공이 되자"고 감히 말했던 것이다.

이 책은 1970년대 말부터 1980년대 말까지 약 10년 동안 기후변화라는 의제가 정치인 및 정책 결정권자의 배타적 무관심과 기업의 방해를 이기고 어떻게 국제사회의 실질적인 움직임을 이끌기 시작했는지, 그 '주인공'들의 치열했던 과정을 자세히 기록하고 있다. 주요 인물들로부터 직접 취한 인터뷰 내용과 당시를 기록한 기록물들을 꼼꼼히 조사한 취재력, 작가 특유의 활달한 필치 덕분에 40여 년 전의 긴박했던 순간들이 눈앞에서 펼쳐지듯 생생하게 묘사됐다. 이 무대의 등장인물들은 결코 납작하지 않다. 같은 인물이나 기업이라도 기후변화에 대해 갖는 태도는 항상 일관적이지 않고 변화한다. 그만큼 사회가 역동적으로 기후변화를 사고하기 시작한 시기였다. 작가가 책 초반에 언급한 것처럼, 오늘날 당연한 듯이 받아들여지고 있는 기후변화에 대한 기본적인 상식과 태도들 상당수는 이 당시의 10년 사이에 과학자, 활동가, 정치가, 정책 결정가들의 노력으로 만들어졌고 지금까지 그 큰 틀을 유지하고 있다. 이때를 자세한 기록과 함께 되짚는 것만으로도 기후변화를 둘러싼 주요한 논쟁점을 축약해 체험하는 효과가 있다.

　이제, 이 책에서 묘사된 시대 이후 다시 30여 년이 지난 오늘날의 상황을 점검할 때다. 인류는 이제는 확실해진 기후변화라는 공동의 위기 앞에서, 40여 년 전 선구자들이 꿈꿨던 방향으로 조금씩 움직이고 대응하고 있다. 하지만 충분치 않고, 여전히 갈지자 걸음을 걸으며 시행착오를 거듭하고 있다.

그들이 그토록 갈망하던, 전 세계 국가들이 참여하는 본격적이고 범지구적인 기후변화협약(유엔기후변화협약)은 1992년 채택됐다. 그 내용을 구체적으로 명시한 '교토 의정서'도 1997년 채택됐다. 교토 의정서는 2005년부터 2020년까지 전 세계 기후변화 대책의 골격을 이뤘다. 하지만 성과는 미약했다. 대응 목표를 '결과'인 지구 평균기온 하락이 아니라 '원인'인 온실가스 감축(선진국은 1990년 배출량 대비 평균 5.2퍼센트 감축)에만 맞춰 실질적인 기후변화 완화 효과를 유도하는 데에 한계가 있었고, 기후변화의 책임을 과거에 집중적으로 산업화를 한 선진국 일부에 돌려 기후변화 대응의 실행 주체를 이들로 한정하는 약점도 있었다. 이 같은 정책은 과거 산업화를 주도하지 않아 실질적으로 기후변화에 책임이 없는 개발도상국에 과도한 책임을 지우는 게 정의롭지 못하다는 생각이 바탕이 됐다. 하지만 결과적으로 기후변화라는 전 지구적인 이슈에 대해 전체가 아닌 세계 일부만이 대응에 관심을 갖고 참여하게 하는 결과를 낳았다. 여기에 감축 책임이 큰 미국 등 일부 선진국이 일방적으로 탈퇴를 선언하면서 실효성은 더 낮아졌다.

이 같은 한계를 극복하고자 2015년 파리 협정이 채택됐다. 전 세계 190여 개국이 참여하는 명실상부 국제적인 기후변화 대응책으로, 교토 의정서의 한계를 극복하고자 대응 목표를 2100년 지구 대기 평균온도가 산업화 이전에 비해 섭씨 2도 이상 높아지지 않게 하는 것으로 정했다. 파리 협정은 전 세계가 이를 달성하기 위해 기술적, 정책적, 경제적, 외교적 노력을 다각도로 기울이는 것을 목표로 하고 있다. 선진국뿐만 아니라 개발도상국도 참여하도록 해 전 지구적인 노력을 기울일 수 있게 됐고, 기후변화로 더 큰 피해를 입을 지역과 국가의 피해를 줄이기 위한 '적응' 정책도 강조하고 있다.

파리 협정에서 제시한, 지구 대기 평균기온을 산업화 이전에 비해 섭씨 2도 이내로 상승시켜야 한다는 목표는 인류가 파국을 막기 위해 지켜야 할 마지노선이다. 이에 따라 목표를 상향 조절해야 할 필요성이 제기됐다. IPCC는 2018년 인천 송도에서 열린 IPCC 제48차 총회에서 〈지구온난화 1.5도 보고서〉를 채택해 산업화 이전 대비 섭씨 1.5도 상승 시의 미래 전망을 진단했다. 온도를 섭씨 2도 높이면 1.5도 높일 때보다 물 부족 인구가 최대 50퍼센트 증가하고 극한 기상 현상 역시 늘어나는 등 피해가 훨씬 커질 것으로 예측됐다. 국제사회는 섭씨 2도 상승이라는 2015년 파리 협정의 목표는 그대로 두되, 지구 대기 평균기온을 보다 안전한 기준인 산업화 이전 대비 섭씨 1.5도 이내로 상승시키도록 노력하기로 했다. 오늘날에는 파리 협정의 목표로 두 수치가 모두 언급되고 있지만, 되도록 섭씨 1.5도 이하로 온도 상승을 제한해야 한다는 데 공감대가 형성되고 있다.

　문제는 이 목표를 달성하기가 무척 까다롭다는 사실이다. 이미 지구의 대기 평균기온은 산업화 이전 대비 섭씨 1.1도 높아진 상태다. 섭씨 1.5도 이내로 상승 폭을 제한하려면 이후 온도 상승을 0.4도 이내로 막아야 한다. 이 목표를 달성하려면 2030년에는 이산화탄소 배출량을 2010년 대비 45퍼센트 이상 줄여야 한다. 2050년에는 탄소 배출량과 탄소 흡수량이 같은 상태인 탄소 중립을 달성해야 한다. 한국 정부가 2020년 10월, 2050년 탄소 중립을 달성하기로 목표를 세우고 추진 전략을 발표한 것에는 이 같은 배경이 있다.

　이러는 사이에도 기후변화의 영향은 착실히 거세지고 있다. 2020년 봄과 여름, 미국과 독일 연구팀은 그린란드 빙상이 2019년 역대 최고로 많이 녹아 유실됐다는 연구 결과를 각각 발표했다. 빙상이 녹은 물은 곧바로 해수면 상승으로 이어졌다. 현재 그린란드 빙상이 녹으며 상승시킨 해수면 높이는 한 해 평균 0.76밀리미터로, 전체 해수면 상승 폭의 약 22퍼센트와 관련이 있다. 빙상의 유실은 북극권의 태양광 반사를 줄여 지구 대기에 유입되는 복사열을 늘릴 것으로 추정된다. 이는 다시 기후변화를 가속화할 가능성이 높다.

북극권의 영구 동토층 역시 녹고 있으며 역시 기후변화를 가속화할 우려가 크다. 영구 동토층의 지하에는 최대 1조 6,000억 톤에 달하는 메탄과 이산화탄소가 매장돼 있는 것으로 추정되는데, 이는 현재 대기에 포함된 탄소의 최대 두 배에 해당한다. 기후변화로 동토층이 녹으며 이들 탄소가 방출되면 기후변화는 걷잡을 수 없이 가속화될 것이다. 기후학자들은 이제 기후변화가 연쇄반응을 통한 양의 되먹임으로 스스로 가속화되는 단계를 걱정하고 있다. 빙상 유실과 영구 동토층 해빙은 기후변화의 대표적인 양의 되먹임 요인이다. 이를 비롯한 양의 되먹임 요인들은 서로 영향을 주고받으며 더욱 거세게 증폭할 가능성이 있다. 연구자들이 가장 두려워하는 '임계연쇄반응Tipping Cascade' 단계다. 이 단계가 되면 인간이 과학으로 손쓸 수 있는 일은 사라질 것이다. 기후변화는 누구나 아는 단어가 됐지만, 이런 현실을 과학적으로 정확히 진단하고 경고하는 일을 할 수 있는 사람은 아직 소수다. 40여 년 전 과학자들의 노력, 고어가 세계의 과학자들에게 '함께하자'라고 건넨 말이 그 어느 때보다 절실하게 와닿는 때다.

윤신영 〈과학동아〉 편집장

잃어버린 지구 ˌ

2021년 5월 20일 초판 1쇄 인쇄
2021년 5월 25일 초판 1쇄 발행

지은이 너새니얼 리치
옮긴이 김학영
발행인 윤호권 박헌용
본부장 김경섭
책임편집 김예지

발행처 (주)시공사
출판등록 1989년 5월 10일(제3-248호)

주소 서울시 성동구 상원1길 22 7층 (우편번호 04779)
전화 편집 (02) 2046-2884
       마케팅 (02) 2046-2800
팩스 편집·마케팅 (02) 585-1755
홈페이지 www.sigongsa.com

ISBN 979-11-6579-579-5 03300